空港は誰が動かしているのか

轟木一博

日経プレミアシリーズ

序章　空港は誰が動かしているのか

「空港」と聞いて何を思い浮かべますか？　休暇を取って国内・海外旅行に出かけるときに利用する、あるいは多忙なビジネスマンが移動の際に利用するといった、一般的に華やかなイメージでとらえられることが多いと思います。

ところが、このようなイメージとはうらはらに、現在、空港運営のあり方は大きな転換が必要になっています。

日本の空港はこれまで、滑走路・誘導路・エプロン（駐機スペース）といった基本施設を国または自治体が、ターミナルビルは主に空港のある自治体や地元企業を中心に出資した第三セクターの株式会社が整備・運営するという形を中心に、一部の空港は基本施設、ターミナルの両方を国の出資する株式会社が整備・運営するなど、ほぼすべてに共通して、「公共的な主体」が主役として大きく関わってきました。

その結果、多大な整備費をかけ全国に約１００もの空港が設置されましたが、その多くは単体では採算が取れていないとされています。他方で、これらの空港を廃止したところで、同等以上の経済活動をもたらしたり、資産売却などを通して整備費が回収できたりする転用策があるわけでもありません。

このため、すでに整備された空港を、いかに上手に運営して採算性を改善し、有効活用できるかを考えること、すなわち公共的に動かしてきた空港を民間の力で発展・飛躍させる（〝飛ばせる〟こと）が急務となっているのです。

筆者は、2010年8月から16年3月までの5年8カ月間にわたり、当初1年8カ月間は国土交通省航空局で、その後の4年間は新関西国際空港株式会社に出向して、国家公務員としては異例の長期にわたって1つのプロジェクト、関空・伊丹経営統合とコンセッション（運営権の売却）を担当し、空港運営の自己改革、さらには総額2・2兆円といわれる巨大なM&Aディールの検討・調整・実施に取り組んできました。

その各段階において、空港運営の抱えるさまざまな課題に直面し、一つひとつについて解決策を模索し、国土交通省と新関空会社の上司・同僚、各種のアドバイザー、カウンターパートとなる自治体や大企業の担当者など多くの関係者から、（ときには激しい口論も経て、）理解・多大な支援を受けて、乗り越えてくることができました。

その結果、2016年4月から、関空・伊丹の事業運営は、オリックス、ヴァンシ・エアポートコンソーシアムが設立した関西エアポート株式会社に移管され、我が国初の空港の純粋民間運営がスタートしました。

本プロジェクト実現までの過程におけるさまざまな課題には、「過去の失敗を認められない」「新しいものが受け入れられない」「自らリスクを取って新たな挑戦ができない」など、それぞれの関係者の内部的・文化的事情により生じるものも多くありました。

そして、これらは、関西、空港、公共などに限定されない、まさに日本全体の解決すべき課題の縮図といえます。

本書では、空港運営改革の第一号案件を担当した実務者として、その過程を振り返りつつ、空港運営のポイントや重要課題、その解決策のポイントを解説するとともに、政府、公共法人、自治体や大企業、各種のアドバイザーなどとの協議・調整を通して感じた、さまざまな課題認識を提示しています。

本書を通して、読者の皆さんが、空港運営や公共インフラの今後のあり方、さらにはこれからの日本が進むべき道について考える際の一助にしていただければ幸いです。

目次

第2章

どうして空港はダメになるのか……41

作る人、使う人、周りの人

第1章

空港が成り立つ仕組み

空港のたった一人の「住人」は誰か

「空港で働いている」と言うと、多くの人からは即座に「エアライン（航空会社）？」と聞き返される。次は「何かのお店？」だ。

空港を利用するときには、日本航空や全日空といったエアラインのウェブページから便を予約し、エアラインのチェックインカウンターを通って、多分エアラインがやっているのであろうセキュリティゲートを通って、お店で買い物をして、エアラインの看板のボーディングゲートから飛行機に乗っていくので、たいていの人の空港に対するイメージは共通だ。

もうちょっと考えた人は、「パスポートを見せるところ（入管・税関・検疫）？」とか、「飛行機の離陸・着陸を許可している人（航空管制）？」と聞いてきたりして、「いや、そうじゃない」と答えると、ほとんどの場合、「それじゃわからない、何？」となる。

実際のところ、筆者は「空港の運営（経営も含む）」に携わってきたわけだが、では空港はどのような仕組みで整備（これにはいろいろな施設を「作る」という意味も含まれる）・運営されているのだろうか。

日本全国には民間利用されている空港が97あり、直接の利用者であるエアラインや貨物運送事業者などのほかにも、さまざまな「主体」が役割分担をして機能させている。

航空機の離着陸や地上走行などを誘導し、安全確保を担う航空管制は国によって行われている。また、旅客や貨物の出入国は入管・税関・検疫などによるチェックが必要で、これも国が担当する。そして空港全域の治安維持を担当する警察、これは都道府県の管轄となる。

消防については、「基本施設」と呼ばれる滑走路・誘導路・エプロン（駐機スペース）といった航空機の離着陸に使われる施設周辺は、セキュリティチェックを超えないと入れない制限エリアとなっていて、制限エリアの消防は「設置管理者」が担う。自治体によるいわゆる地域消防は、制限エリアの外側の一般エリアを担当している。

「設置管理者」とは、一般にはほとんど認知されていないが、基本施設を整備・運営し、土地や建物を貸し出す、いわば空港全体の「大家さん」ともいうべき存在だ。

設置管理者は、施設のメンテナンスのほか、離着陸の安全確保のため滑走路をチェックして回ったり、テロやハイジャックといった犯罪防止のための警備など、公共交通の安全確保のため、特殊性・専門性を活かして行う業務も担う。

このように空港は、広大なスペースで多くの人や組織が関わり、さまざまな事業・商業が行われていて、人が住むところというイメージはないが、実は「住人」が一人だけいることがある。それが警察署長だ。警察署長は、管内の官舎に住居を置くことになっていて、大きな空港の場合、その空港だけを管轄する警察署が設けられて官舎がある。そこに住民票を置いているのだ。

たとえば関西国際空港は、2本の滑走路を有する1000ヘクタール以上の人工島で、そこには住民が1人、つまり1平方キロメートル当たり約0・1人、日本で最も人口密度の低い「有人島」ということになる。

本業は不動産賃貸業⁉

これまで、ほとんどの空港は国か自治体が「設置管理者」となっており、ターミナルビルや貨物施設については、地元の自治体や企業が主に出資者となる第三セクターの株式会社が、設置管理者から土地を借りて整備・運営するという方式をとっていた。

また、いずれも国の出資法人である成田国際空港株式会社、新関西国際空港株式会社、中部国際空港株式会社の場合、基本施設とターミナルビルの両方を自ら整備・運営している。

ほかに、空港の一部分に着目すれば、大規模空港にはハイドラントと呼ばれる燃料供給のための管がエプロンの地下に張り巡らされていて、その整備・運営を行う会社は純粋民間資本である。

一部の空港の航空機格納庫や貨物取扱施設はエアラインが自ら整備していたり、さらには羽田の国際線ターミナルビルや貨物施設ではPFI事業として民間活力が活用されていたりと、いろいろなパターンはあるが、総じて日本の空港はほぼすべてに共通して、「公共的な主体」により整備・運営されてきた。

収益という観点から見ると、設置管理者は、航空機の着陸の際に、その重量をベースに徴収する着陸料を中心に、エアラインから航空機の運航に関する料金を徴収している。

また、設置管理者は空港の敷地全体を管理し、ターミナルビル会社のほか、航空管制、入管・税関・検疫などの国の事務所、エアラインが整備する格納庫や貨物取扱施設などに土地を貸し、国が国に貸す場合などを除き、これらの土地貸付料を得ている。

ターミナルビル会社は、設置管理者から借りた土地にビルを整備し、ターミナル全体の保安や案内サービスを提供し、エアラインからはチェックインカウンターや事務所の、テナントからは店舗スペースの賃料収入を得て、一部では直営で店舗を運営し収入を得ている。

このように空港の収益構造は、ある意味で単純な不動産賃貸業という側面を強く持つ。

世界最強のライバル、新幹線と比較される宿命

空港にとって、直接の顧客はエアラインや店舗だが、そのエアラインや店舗の顧客は、空港利用者である。当たり前だが、彼らは、「飛行機に乗ってどこかへ行く、どこかから来る」ために空港を利用する。

最近では、施設や建物の魅力を高めてデートスポットにするなど、空港そのものを「目的地」にしてもらう取り組みも行われているが、それが成功しているかにかかわらず、航空機による移動とは関係のない利用者は全体の中では少数だ。

そして公共交通が提供するのは、他の方法より早く快適に移動できる、つまり時間と体力を節約できる、というサービスに他ならない。

「日本の空港は都市から遠くて不便なところにある」とよく言われる。日本は山がちな地形なので、広大で平坦な土地を必要とする空港が設置できる場所が限られていたり、市街地の密集度合いが高く、騒音など社会的なコストが大きかったりして、市街地から遠く離れて作られる傾向がある。

ところが、このような傾向は世界中に共通で、実際に世界の主要空港と比較しても、たい

して遠いわけではない。空港が都心から公共交通機関で1時間くらい離れた場所にあるのは普通なのである。

それではどうして、日本の空港は不便で航空交通に競争力がないという話になるかというと、その理由の1つに、新幹線との競合・競争がある。航空機と新幹線とを単純に比べれば、今でも航空機のほうが2倍以上速い。しかし航空機の利用者は、空港に寝泊まりしているわけでも、空港に行くことが目的なわけでもない。

航空交通の利便性は、空港までの移動時間、さらに出発までの待ち時間、到着した空港から最終目的地までの移動時間を加えたトータルで考える必要がある。

新幹線という、あれほど高速で定時性が高く、多頻度で大量輸送可能な公共交通が国土の広範囲に整備されているのは、世界でも日本だけにしかない。

そのような競争相手がいることで、日本の航空交通は、ちょっと油断するとトータルとしての時間的優位を失ってしまうという、世界でも稀な大きなハンデを背負うことになる。約500キロメートル圏である東京・大阪間では、新幹線による移動が約70パーセント、航空は約20パーセントで、700キロ以上ほどでようやく互角になる。

しかしこれは、逆から見れば、強力な競争相手と渡り合っていくため、世界で最も効率的な空港運営のあるべき姿を追求する必要がある環境にある、ということでもある。

コンビニと空港はどこが似ているのか

空港が、公共交通サービスとして、ほぼ唯一の武器である時間的優位を得る条件とはなんだろうか。すでに全国に約100カ所もの空港が整備され、その多くが不便だといわれる現状で、今さらこんな話をしても元も子もないが、あえていえば「立地」である。

空港とはどのような存在か、日常生活にたとえるとすれば、コンビニエンスストアのようなものだ。大通り沿いにコンビニがあるのに、わざわざ遠回りして裏道のコンビニで買い物をする客は多くない。

店を開けたら、その前を通る人を待つのがコンビニの事業であり、裏道のコンビニの利用者は、近くに住み、もともとそこを通るのが便利な人だ。よほど特殊な店作りでもしない限り、大通りを通る人が裏道の店舗に来てくれることはない。

本書は、「だからもっと便利なところに空港を作っておくべきだった」という議論に多くを割く気はない。すでにある空港を引きずって動かすことはできないし、新たに便利な場所に作り直すという選択肢がある場合も限られているからだ。課題は、裏道のコンビニのような空港が現にある場合、それで事業を成り立たせるにはどうしたらいいかを考えることだ。

裏道のコンビニ店舗にできることは、日常的には、最大限のサービスに努めて、大通りと裏道のいずれを利用してもたいして時間が変わらない顧客の満足感を高め、できる限り多く利用してもらえるようにすることだし、ムダに豪華に飾り立てたりせずに堅実に経営して、顧客数に合わせて収益が合うようにすることだ。

さらに裏道のコンビニに抜本的な経営改善があるとすれば、近隣の施設が名所として有名になる、近所に住宅や学校ができる、裏道にアーケードが作られて傘をささずに歩けるようになるなど、いずれにしても外部的な要因で、通行者の増加が期待できるかどうかにかかっている。

その外部的な要因はたいていの場合、自らコントロールすることは困難で、最大限何か努力するとしても、その営業努力が、顧客増加という将来の受益の範囲内で対応可能なものかどうか、という問題になる。空港もこれと同じである。

関所のようにただ店を開いて、目の前を通る人だけを相手に商売をしていては構造的な課題は解決しないし、抜本的に通る人を増やす努力をするには、持っているリソース（経営資源）が足りない。空港運営の難しさはそこにある。

快適な空港か、便利な空港か

空港の中でできる最大のサービスといえば、1つには、利用客が移動などに要する時間をできる限り短縮することだ。これはエアラインと協働しないといけないし、国際線であれば入管・税関・検疫とも連携が必要だ。

最近は国内線ではウェブチェックインが主流になり、混雑していない時間帯で、手荷物を預ける必要がなければ、出発時間の20分前くらいに空港に着いても問題なく乗れるようになった。こうした魅力を高める全体的な取り組みを継続しなければならない。

入管はインバウンドの外国人の平均通過時間を20分にするのを目標としているが、最近の外国人観光客の増加に伴い、関空では40分近くになるなど、全体的に増加傾向になってしまっているため、入国審査官の増員やブースの増設などが急速に進められている。

多忙なビジネス客はもちろん、旅行客を中心に、多少の時間的余裕のある顧客にとっても、手続きはさっさと済ませて、のんびりする時間を長く確保できればそのほうが望ましい。

空港によるもう1つの重要なサービスは、空き時間を過ごす場所としての利便性・快適性の追求だ。

空港の収益を上げるという面でも、顧客に有意義な時間を過ごしてもらうという面でも、買い物などをしてもらうのが一番いいわけだが、そのための店舗の魅力の向上と、単にのんびりしたい顧客に開放する場所を作ることの両立に取り組む必要がある。これはトレードオフになる面もあるが、全体のバランスを取って、時間の短縮と利便性の向上とを改善していく必要がある。

装置産業は〝勝ち負け〟が明確に表れる

さらに「堅実な経営」については、文字にすると当たり前だが、安全を確保しつつ、できる限りコストを削減することだ。

不動産賃貸業全般と同じように、空港は装置産業であり、まず多額の初期投資があって、それに比較すればごく少額でしかない収入を積み重ねて回収する。小さな空港でも200ヘクタールほど、大空港なら1000ヘクタールを超える土地を買収や賃借、海を埋め立てるなりして利用可能にし、大量のコンクリートなどを用いて建物やらを整備するため、必要な初期投資が莫大で、装置産業としての度合いも圧倒的に大きい。

したがって、初期投資を最小化できるかがその後の収益性に大きく影響し、同じものの整備に余計なコストがかかったり、身の丈に合わない不要不急な施設が整備されたりすると、長期にわたり経営を圧迫する。

そして再び「今さらの議論」に少し触れれば、多くの空港が整備過剰の状態にある。

空港において、日々の安全確保に必要な施設の維持更新や運用に関わるコストは、利用状況にかかわらずある程度はマストであり、需要の変化に対する弾力性がとても小さい。

売上と直接連動して動くのは、直営で店舗を営む場合の売上原価をはじめとした、限られた一部の項目だけであり、あとは便数が1日数便変動した程度ではほとんど差異が生まれない固定費の塊だ。その固定経費が、収益採算のラインを決定し、ラインを超えれば一気に利益があがるし、下回れば構造的・継続的に大きな赤字が発生する。

人間の命を預かる公共交通事業は、安全に直結するコストは絶対に必要だが、なんでもかんでも安全を唱えて野放図に無駄遣いをすれば、何便飛ばしても改善できない赤字体質になる。その面で、安全に対する専門性が非常に大事である。

思いつくことになんでもお金をかければいいというわけではない。どう取捨選択してきちんとやるべきことを見きわめるか、最低限のコストで最大限の結果にどうつなげるか、である。これらがきちんとできれば、収益採算のラインを下げられ、利益が上げられる。

羽田の年間利用者は、新宿駅の2週間分

「その空港を利用すると便利な人」を増やす工夫としては、空港へのアクセスは大きなツールである。アクセス改善により、トータルの移動時間・利便性を改善できる。ほぼすべての場合、空港に通じる交通機関を運営するのは、空港の運営主体とは別なので、その事業者と連携して進めていく必要がある。

たとえば、深夜のアクセスである。国内では24時間空港は、羽田、関空、新北九州の3つがあるが、いずれも昼間に比べれば深夜の便数は非常に少ない。

関空では、かつて深夜はほぼ開店休業という状態が続き、空港へのアクセスが午前0時から6時はほとんどなくなっていた。これを放置すると、「便があれば、空港アクセスもついてくる」「空港アクセスがあれば、便を張ることも考えられる」という、「鶏が先か卵が先か」の議論が始まってしまい、縮小均衡に陥ったまま事態が打開できない。

そこで数年前から、関西国際空港株式会社（後に新関西国際空港株式会社）は、バス事業者に対して、採算が取れなかった場合の経費は補償するとして、とりあえず運行してもらう取り組みを始めた。

すると、便が張られ、遅延便の乗客も吸収でき、バスも採算が取れるようになり、補償が必要なくなるので、さらに遅い時間にも補償を約束してバスを走らせ、ということを繰り返し、ついに24時間の全時間帯に1時間1本以上は空港アクセスがある状態を実現させた。

空港は、アクセス改善のような取り組みを超えて、さらに外部的な要因でも、通る人が増えるポテンシャルが期待できることに強みを持っている。

そもそも航空交通は、高速性という付加価値を追求した、非常にニッチなビジネスである。全体でいえば、日本国内の公共交通では鉄道事業が圧倒的なウェイトを持つ中で、わずかな一部を担うにすぎない。

日本最大の羽田空港で、年間の利用者数は約7500万人。一方、日本最大の鉄道駅は新宿駅で、多数の鉄道事業者の乗降客数を合計すれば1日約400万人が利用する。羽田は、新宿のせいぜい2~3週間分ということになる。

同様に、大阪最大の大阪駅・梅田駅も1日約250万人で、関空の年間約2000万人は2週間分程度だ。都内・大阪府内の鉄道駅全部という話になると、規模ではまったく比較にならない。

人口減少しても、航空には強くなる活路がある

このように、国内交通という面で航空は小規模な公共交通機関であり、その高速性により、目的地が遠くなるほど競争力が増すというニッチな位置づけで、新幹線や高速バス、場合によってはフェリーを相手に戦っている。

ただ、10年近く前から人口減少局面に入り、少なくとも今後何十年間はこの傾向の逆転が見込まれない日本において、国内交通は大きな成長余地があるわけではない。

航空の強みはやはり海外にある。海外とのネットワークについては、旅客は航空がほぼ独占し、貨物も重量ベースでは99・6パーセントを船舶が担うが、航空もエクスプレスメールや生花など、小型・軽量で高付加価値なサービスを中心に高いシェアで、価格ベースでは約4分の1になる。特に成長著しいアジアの成長力を取り込むことで、日本全体の成長を牽引するエンジンとしての役割を果たせるというのが、航空の特殊性と成長ポテンシャルの根源だ。

他方で、輸送量には限界がある。どこまで頑張っても、国際航空が運べるキャパシティは、地上で運べるキャパシティに比べられない、あくまでも補完的なボリュームだ。

そして、航空交通により海外の成長余地を取り込む場合の、空港の限界は、空港自体が客

を呼ぶわけではない、ということだ。

利用者の目的地はあくまで空港の先にあり、近隣にビジネス的に、または観光地としての魅力があって、初めて利用される。空港のポテンシャルを打ち出の小槌のように考える論調もあるが、その意味では間違っている。

空港はあくまでも、外部的な需要を実現し、補完的に経済活動を活性化するための箱という位置づけの不動産業であり、そのような事業の本質を理解し、この本業に真面目に取り組む必要がある。

「爆買い」はいつまで続くのか

中国からの観光客が急増し、大量のお土産品を購入する、いわゆる「爆買い」が社会現象となった。これを一時的と見たり、あるいは2015年の上海株式の暴落などをきっかけに衰退するのではないかという見方もあったりするが、筆者は、一時的な影響はあっても、まだまだ中国を中心としてアジアからの流入需要は増加すると考えている。

マクロ的にいえば、中間所得者層のレベルになると、海外旅行に出かける余裕が生まれるといわれ、中国を含むアジア地域で2009年に約5億人だったのが、20年には17億人に、

30年には32億人になると予想されている。その莫大な中間所得者層の増加により、海外旅行需要が生じるのは間違いない。

「爆買い」は社会現象になったが、それでも来日したのは年間約３００万人。中国の海外旅行者数は年間のべ約１・2億人で、日本が約１７００万人であるから、人口比では日本の約15パーセントに対して、中国は10パーセント未満だ。

　将来、日本の水準に達するとすれば、まだまだ増加するし、さらにいえば、現在の中国の海外旅行者数のうち約５０００万人は香港に行っており、ほかもマカオ・台湾などの中国語圏、語弊を恐れずいえば、我々の感覚的には「国内旅行」に近い旅先が多い。これを差し引いて考えれば、さらに増加するポテンシャルも十分にある。

　当面は日本の魅力は、アジア地域を含め世界中で広く認知され続けることが予想できる。歴史的な観光資源も豊富だし、漫画やアニメをはじめとした日本のサブカルチャーに対する魅力を発信する「クールジャパン」の取り組みも進んでいる。中国人海外旅行者のうち、日本に来るのは約3パーセントになるが、韓国にはその倍の６００万人が訪問していることからも、さらにシェアが高まる可能性が十分に見て取れる。

　２０００年以降、残念なことに、米同時多発テロやリーマンショック、ＳＡＲＳ、新型インフルエンザなど、世界的な惨事が数年に一度発生し、その影響を受けて、訪日外国人観光客数はずっと低迷してきたものの、このような爆発的な増加は、かなり前から予想されていた。

オープンスカイ政策といわれる規制緩和により航空便が張りやすくなり、さらにビザの発給要件の緩和で個人が訪日しやすくなったなど、さまざまな取り組みの成果が14年度に急に表れてきたわけだが、マクロ的にはむしろ現状が当然なのだ。これまで、外国人観光客は増加する、という正しい見通しを示して「オオカミ少年」扱いされてきた人たちが気の毒だったのだ。

裏を返せば、15年の努力の結果、大いに実った果実を一気に受益したのが今回の爆買いである。その「伸び率」だけに注目すれば、急成長は長くは続かないと考えられる。それでも、経済・社会イベントに影響されて短期に伸び悩むことは当然あっても、中長期的には、今後も成長著しいアジアのマーケットから日本へ流入する旅行者が増加し、航空需要が飛躍的に高まっていくことは明らかだと考えている。

関空の中国人の服装から見えるもの

訪日観光客の目的地も、各観光地の努力によって大きく変わるであろうものの、全体としては、現在はあまり日の当たっていない地域も含めて、観光客増加に伴い訪問地は広がっていくと予想される。

昨今、中国や台湾からの観光客が、玄人好みで知名度の低い観光地にもクチコミで押し寄せているニュースを耳にするが、これも想定されていたことだ。

観光旅行は、まずは有名な観光地巡りから始まり、旅行者が旅慣れしていくのにしたがって、リゾートでの保養や、祭や伝統芸能体験等への参加などに分化していく傾向がある。

中間所得者層の拡大により、「初めての海外旅行」客がどんどん訪日する段階では、まずは世界1位の観光都市である京都をはじめ、世界でも有数の観光地集積がある関西から、富士山を通って東京という、いわゆる「ゴールデンルート」に莫大な旅行需要が生まれ、次第に周辺の魅力ある地域に伝播していくことになる。

観光をする上で、「所要時間」も大きな関心事ではあるので、アジアに近い西日本は多少有利な面はあるだろうが、それだけですべてが決まるわけではない。

関西空港で勤務していて、ここ数年に、中国人の訪日客の雰囲気も少しずつ変わってきているると感じる。服装など、以前は都会風の人が多かったのが、地方出身者風の人が増えているように見える。これは、新たな観光客がどんどん増加していることを示す一方で、リピーターが別の場所、関西以外に移っていることも示しているのではないだろうか。

このような環境を踏まえると、戦略的な経営により周辺環境の強みを最大限活かし、需要をしっかりと取り込めれば、むしろ空港をはじめ航空交通・観光の産業は、十分な成長余地があり、今後しばらくは需要増に追いつくキャパシティを整備し、外国人旅行者に満足してリピーターになってもらえるかが勝負になると考えられる。

東京でも大阪でも、ホテルはビジネス出張者が部屋を確保できないほど満杯の状態で、ツアーのホテルが確保できずに航空便が張れない、といった問題を引き起こすようにもなってきている。それを踏まえ、民泊のあり方についての議論も進んでいる。

当面は需要に見合うキャパシティをどう拡大していくかが課題だが、そのような中で慢心して不要不急の施設を整備し、原資回収が困難になったり、コスト意識が薄れて高コスト構造に陥らないようにしたりといった、重要なポイントには留意が必要だ。

航空会社はビジネス客で、空港は観光客で利益を上げる

空港事業の特性をもう1つ言えば、エアラインやテナントを相手にするBtoBの事業と、店舗運営など利用者を相手にするBtoCの事業とを両方行っている中で、BtoCの顧客である空港利用者の大部分は「エアラインが連れてくる」という間接性だ。

空港にとって最大の顧客であり、事業のパートナーはエアライン、つまり航空会社だ。交通需要が拡大し、空港が活性化して利用者が増加すると、双方にメリットがあるという大きな意味では、空港と航空会社には共存・共栄の関係がある。だが、細かく見ていくと、空港運営と航空会社運営には、微妙に利害が一致しない構図もある。

航空の利用者には、大きく分けるとビジネス客と観光客がいて、その行動様式は大きく異なる。

エアラインは、基本的にビジネスクラスなど、高い運賃を支払うビジネス客で儲ける構造になっている。一般的に、ビジネス客は必要があれば、運賃にはあまりこだわらずに利用するものの、空港にはぎりぎりに来て、時間が余ったらラウンジなどに入ってしまうので、買い物もあまりしない。

ところが空港は、エアラインから徴収する賃貸料金などに加えて、お土産など観光客の買い物支出によっても儲けている。このため、特に観光客がメインと想定される路線は、空港から見ると高い収益性が見込めるが、エアラインは必ずしもそうではなく、利害が一致しないようなことが起こる。そこをどう調整するか、という知恵が空港運営には求められる。

こういう話になると、「それでは空港がエアラインにインセンティブを与えればいいのではないか」となりがちだが、これまた打ち出の小槌のように言うのは間違っている。

空港とエアラインとの事業規模を比較すると、圧倒的にエアラインが大きい。日本航空や全日空は年間売上1・5兆円程度で、経営破綻する前のスカイマークですら1000億円近い。

これに対して空港の売上は、成田、関空こそ2000億円程度だが、ほとんどが数十億円~数百億円である。エアラインの支出のうち、空港に対するコストはせいぜい5パーセント程度で、すべて免除したところで採算性の改善効果は限られている。国際線でいえばファーストクラスの旅客が毎日1人乗れば賄えてしまう程度のレベルで、1つの路線を維持できるか、といった話を空港でどうにかするという発想は間違っているのだ。

支援漬けの路線が、民間努力を減衰させる

空港がエアラインに支援策を講じれば、もちろん、ぎりぎりのところで何かしら判断の後押しになる、精神的に断りづらくなるといった材料にはなる可能性がある。だが通常は、エアラインから見て、経済的にはたいした意味はない。

多数ある就航先候補の比較で、ローカルパートナーである空港からの支援姿勢があれば、将来性も含めた事業を構成する要素の1つとして、前向きに評価できるという程度にすぎないのが実態だ。

本格的にエアラインを呼び込むための取り組みをしたいのであれば、近隣の経済圏の魅力をベースに「旅客の移動をつなぐ役割」の一部を担っているに過ぎない空港にできることは少ない。

エアラインに対してその空港に路線を張ることによる収益の根源となる地域的な魅力を提供できるという意味でも、公共的な必要性があるなら大々的に支援策を検討できるという意味でも、路線が張られることによる利益を享受するという意味でも、周辺地域・社会全体からの支援が欠かせない。

もっとも、話をさらに複雑にしているのは、近年、空港が多すぎることに伴い、支援策を講じなければ便が張られることが期待できない空港が多数あり、各地域の支援合戦の様相を呈している面があることだ。成長を目指して現状では需要が期待できない部分を協力する、というレベルを超えて、支援漬けで路線を維持するようになると、かえってそれ以上に民間経営努力のインセンティブが生まれにくくなり、いつまでもウィン－ウィンの関係に発展しなくなる。地域ともエアラインともパイプを持ち、間を取り持つことが空港運営には必要だ。

顧客としてのエアラインも変わっていく

空港単体としては、むしろ、いまある航空輸送サービスを受け入れ、それに対してベストを尽くすのが本来の姿であり、さらにいえばそのビジネスパートナーの将来性をきちんと分析、把握した上で対応することも必要になる。

近年、日本国内でもＬＣＣ（ローコストキャリア）が台頭し、徹底的にコストと不要なサービスをそぎ落とすことで低価格を実現、これまでＦＳＣ（フルサービスキャリア）が乗り出せていなかった路線を就航している。これらの多くは観光客をターゲットにしても採算が取れる事業構造になっている。

ＬＣＣが本格的に国内運航を開始して4年が経過し、ＬＣＣ同士で見ても、現段階での事業の成否も分かれてきている。ＬＣＣによる運航コスト削減の大きな項目として挙げられるのが機材効率で、できる限り機材を多頻度に運航することによりフライト1回当たりの償却費を下げている、というものだが、やたらと航空機を飛ばし続けたところで乗客がいなければかえって採算が取れないので、どのような路線構成にするかに非常に専門的な知見が隠されており、それが差を生んでいるように感じられる。

また、ＬＣＣはよく、4時間圏内で飛ばせる路線を中心に勝負していると言われている。顧客目線で見ても、長時間乗るなら座席の間隔が広い席でゆったりしたいとか、食事をきちんと食べたいといった需要が生じる。

フライト時間が長くなるほど付加的なサービスを提供するＦＳＣの需要が高くなっていく面があるのは自然なことだが、サービスを提供する側からしても、フライト時間が長くなるほど、燃料費をはじめ、直接運航経費が高くなり、安い運賃という魅力を示すのが難しくなる、という面もある。

ＬＣＣやＦＳＣというのは、ＬＣＣ黎明期・発展期における便宜的な分類に過ぎず、今後は中間的な形態も生まれて、相対的にハイエンドからローエンドまで多様なサービスが提供されていくと予想される。

空港は、そのようなエアラインのビジネス構造と、自らの空港周辺の後背地の実力にマッチした魅力を上手に提案営業することによって顧客（エアライン）を獲得していく、という競争になっていくのだろう。

エアラインの側から見ても、各地の各空港周辺の支援合戦を横に眺めて選んでいるだけの状態に陥ると、本来的な魅力・競争力の向上がなおざりになっていくリスクがある。将来性のある都市・空港を選別して、意欲的な成長戦略を持っていくことが必要だと考えられる。

第2章

どうして空港はダメになるのか

作る人、使う人、周りの人

「誰も空港を経営していない」という問題

第1章では、空港の成り立つ仕組みを見てきた。本章では、それではなぜ多くの空港が不採算とされる状態になるのかを考えていく。個別の事情はそれぞれあるので、全体的・構造的な問題を中心に見ていきたい。

先述したように、日本の空港は、国か自治体が基本施設を、ターミナルビルは主に第三セクターの株式会社が整備・運営している場合がほとんどである。

そのため、着陸料などで収入を得る航空系事業と、ターミナルビルで行われる非航空系事業が分離していることから、非航空系部分で十分な収益を上げ、これを原資として着陸料や施設利用料などの低廉化を図って利用促進につなげるという、海外の空港で一般的なビジネスモデルが確立されていないことが大きな問題とされている。

実際には、それを超えて、さまざまな関係者に役割が分離していて、空港経営上で必要な活動の一部を誰も行っていないという問題もある。つまり、「誰が空港を経営しているのかわからない」「誰も空港を経営していない」という状態に陥っているのだ。

たとえば営業である。国には、個々の空港の路線誘致や利用促進などの営業活動をする機能はない。料金設定なども全国一律で、ほとんど重点付けなどは行っていない。ターミナルビル会社の一部は、地域色を打ち出す店舗構成やイベントなどの工夫で営業努力をしているが、多くは土地の賃料を払って、テナントから賃料を受け取るだけである。その結果、店舗構成はどこも判を押したようなもので、独自の魅力で新たな人を呼び込む努力もしていない。

周辺の自治体の観光担当部署や経済団体などが、人を地域に呼び込もうという取り組みを行い、空港の利用も促進しているが、空港運営と離れた取り組みになるので、単に地域の観光資源の魅力アピールにとどまっている場合や、赤字路線を支援して維持するのが当然の前提となっている場合など、空港運営全体としての力強い取り組みにはなかなかならない。

これらがすべて合わさって、空港事業の多くが、一言でいえば関所のように、単にそこにあって、通る人から売上を得るだけの状態になっている。

作りすぎた空港――挽回できない需要予測の失敗

「誰も空港を経営していない」については、役割分担のほかに、「時系列の問題」もある。

今さらの議論に再度触れれば、結果的に日本に空港を作りすぎたのは間違いないと考えられ、背景には需要予測の失敗がある。ここで「作りすぎた」という意味には、全体の数だけでなく、1つひとつの空港での過剰投資も含まれる。

空港の需要予測は、他の交通需要予測でも広く使われている、四段階推定法という手法で行われる。

簡単にいえば、①人口増加やGDP（国内総生産）の成長などから、どこでどれくらいの交通が発生するか、②それを各地域に分けると、どこからどこへどのくらい人が移動するか、③その移動を各交通機関でどのくらい分担するか、④各交通機関のどのルートがどの程度使われるか、と順に推定し、最終的に個別の施設の利用者数などを予測する。

考え方は明瞭かつ論理的で素晴らしいが、結果を見れば大きく外し続けたのは明らかだ。

そのような需要予測から整備方針が決定されると、その後は、どのようなスケジュールでどのようなものを整備するか、想定需要でそれがまかなえるか、という議論になり、同じものなら最低限の金額で、同じ金額ならより良い性能で、はもちろん考慮されるが、需要予測そのものは、ある意味議論の「前提」になってしまう。

そして、新規整備では想定需要の半分に満たない、既存空港拡張では年率3パーセントで利用者が伸びるはずが逆に減る、という事態が発生し、整備されたさまざまな施設が不採算になり、「前提」となった予測も信頼が損なわれた。空港は、収入想定が崩れたからといって、同じような比率でコストが削減できるわけではなく、一度できあがった不採算の構図の黒字転換は非常な困難を伴う。

赤字路線を地域の支援で維持するのが常態化している空港は多数存在する。これは見方を変えれば、地域の期待なり空港の営業目標なりを達成するために、新たな負担が生じている、とも言えるが、なぜそうなるかと言えば、もともとの想定需要が高すぎて、地域の期待や営業目標が潜在的な実力に対して高すぎる、ということに他ならない。

そういう意味で、多くの空港は「作ったときからダメだった」ということになる。

需要予測については、各段階でさまざまな統計的手法や推計によって行われ、後段階では前段階の結果をそのまま受けるので、どこかの推定が実態から外れると後段階で修正しにくいといった手法の難しさや、それはさておき整備を推し進めたい行政や政治の圧力で予測が歪んだはずだといった運用の問題や、特別会計には国民の監視の目が行き届かないといった制度の問題など、さまざま指摘されているが、その原因究明が本書の目的ではないので割愛する。

頻繁な人事異動でトータルな責任者が存在しない

「空港がどういう機能を発揮し、どういう採算になるのかを責任もって判断した人は、結局のところいなくなる」というのが構造的な大問題だろう。

公務員の人事は民間に比較すると短期間で行われ、整備の是非の検討段階、整備を行っている段階、運営段階と、担当者は何人も引き継がれていくのが普通である。

そして、需要予測は○○総合研究所などのコンサルタントに外注し、それを検討した上で審議会のお墨付きを得ていたり、整備財源の分担は法律で決まっていたり、実際の予算は毎年国会の了承を得ていたり、ということで、長い時系列とさまざまなプロセスの中で、どの人物が、プロジェクトのどの部分を判断したのかが曖昧になる。

すると、原因を分析しようとしても、需要予測の担当者からは「最小限のコストで作って、最適運営すればなんとかなった」、整備担当者からは「予測を前提に、許容範囲内のコストで整備したのだから問題はない」、運用担当者からは「安全確保に最低限のコストはかかるのだから、作った段階で失敗だった」といった話が拡散してしまう。

そのため、不採算空港にどういう対策が必要かという議論に際しても、「運営でどうにかしろ」「いや根本に立ち返ってインフラ施設としての必要性から、地域にさらなる負担をしてもらおう」といったように話題が拡散していき、収拾がつかない。

他方で、責任の所在となると、過去の失敗を掘り起こして誰が悪かったのか、という話になりがちだが、現在を生きている身としては、正直そんなことにはあまり興味が持てない。何千億円、場合によっては何兆円という規模で行われた投資を個人の責任レベルで議論しても実質的に解決不能だし、本当にそんな責任追及が始まったら、誰も何も決断できなくなる。

ただ、それを横に置いても、プロジェクト全体を責任もって遂行する役割の人間がいれば、計画が「実態」から外れてくれれば必死で軌道修正を図るだろうし、合理的に予想される範囲内でベストを尽くせるようになったのではないか、とは思う。その努力のメカニズムが機能不全に陥っていることが、公共による事業運営の最大の構造的な問題だと考えている。

ちなみに、議論の対象が公共インフラ施設なので、100パーセント民間的に採算が取れる必要は必ずしもない、そもそも民間だけでできないから公共が役割を果たす必要があったのだ、というのは一面の事実である。地域に対する波及的効果とか全国的な活力のベースアップを念頭に、一定の公共負担を前提として整備や運営が行われることを否定するつもりはない。

ただ、そういう議論は事前にやるべきで、事業を実施する段階では採算が成り立つような説明をしておいて、後から問題点とともに持ち出すことになるので、解決するのが実質的にも心情的にも難しくなる。

「空港が必要だ」で忘れられた機能

空港は物理的に広大な土地を占有するうえ、周辺に騒音影響を及ぼすことから、整備・運営を行う上で地域社会との密接な関係構築が欠かせない。

伊丹や福岡など、現に市街地に近接している空港は、日々の運用において騒音対策を中心とした地域との関係構築が前提となっている。騒音対策の対象は個々の住民の生活そのものであり、民家の防音工事や騒音エリア外への移転補償を行ったりしている。

航空機自体の騒音性能の向上などから、大きなトレンドでは課題は縮小傾向にあるといえるが、空港には今も金銭的・人員的な負担が生じているし、住民にとっても、防音工事をしたところで問題が完全解決するわけではなく、日々我慢していただくという意味での外部不経済は生じている。

深刻な騒音問題は都市部に多く、米軍に接収されて空港ができたといった経緯がセットになっていることもあり、もともとの地権者との間の土地の賃料補償の問題なども存在する。

このように、空港を含む公共インフラビジネスの機能には、対企業のＢtoＢ（Business to Business）、対個人顧客のＢtoＣ（Business to Customer）のほかに、ＢtoＰ（Business to Public）と呼ぶべき要素がある。

公共全体へのメリットとの対比の中で、負担の分担を考えなければ仕方ない問題ではあるのだが、ＢtoＰといった機能が正面切って議論されることが少ないのも課題だ。

まず便益を受けるのが誰で、どのような負担をするのか、といった議論が薄い。さらに、地域のデメリットに対し、技術的な制約によりどんな対応が可能で何が不可能かという、専門的な知識が一部の関係者以外にはまったく知られていないことなどから、思考停止的に「空港が必要だ」が前提条件になって、それとは切り離されたところで、影響を受ける住民などへの説明や説得は周辺環境対策の担当者が全部負わされる。

担当者は状況に応じて、その段階、その立場では調整にベストを尽くすが、交渉に出せる材料も対案候補も与えられず、調整はまとめてこいという話になり、事業全体の中での判断ではなく、個別に収められるところにしか収められなくなりがちだ。

日本の空港が「不便」な場所に整備される理由

戦後に新たに整備された空港の環境問題は、主に整備の段階での制約として生まれた。ジェット機が飛びはじめた昭和30年代から深刻になった騒音問題で、伊丹空港の廃港運動があったり、羽田の機能移転先としての成田建設を巡り土地の収用や騒音が社会問題となったり、という経緯を経て、空港は完全にＮＩＭＢＹ（not in my backyard ＝どこかにあってほしいが、我が家の裏にあるのはイヤ）の迷惑施設と認識されてきた。

このため、地域合意を得て場所を確保する調整が大変で、結果的に騒音の影響の少ない遠隔地に整備されてきた傾向があり、それで日本の空港は都市から遠くて不便なところにある、とよく言われる結果につながっているとも考えられる。

その一因も、同様に、時系列的に分断された意思決定にもあると考えられる。

需要予測でその地域に空港が必要だという結論がすでに出ている、ということが大前提で、整備場所の調整だけを行っている状況に応じてベストを尽くそうとすると、具体的な立地が都市部から何キロになってしまおうと、事業を実施するメリットそのものがどうなのかといった議論まで掘り下げて再検証する、といった方向にはなかなか働かない。

せいぜい複数候補地の中での相対的なメリット・デメリットの比較として、近くに整備したほうがベターという論点が出てくる程度だ。それがいずれ、運用の段階になって、空港は遠くて不便だから利用が伸びないという問題認識につながっていくことになるが、出来上がってから言っても解決のしようがない。

扇風機の裏側に住む苦労

空港が周辺地域に与える影響は、メリットとデメリットが細かく分かれがちである。

離着陸の際、航空機は低空を飛ぶので、旅客ターミナルなどの施設は滑走路の前や後ろではなく、必ず横に配置され、そこに人が集散する。そして経済的なメリットはターミナルビルの周辺に集中し、騒音影響などのデメリットは滑走路の前と後ろに固まる。

この結果、滑走路の前後側は、「扇風機の裏側のように、音は聞こえるが、涼しい風は吹かない」状態になってしまい、空港周辺のあまり広くない地域の関係者で集まって議論しても、空港活用に賛成・反対の意見が分かれやすくなる。さらに空港から離れると、デメリットを意識する人はほとんどいなくなり、基本的に、メリットが十分か、もっと便利にならないのかという意識しかなくなっていく。

こうして、空港の将来性については、遠くで皆が夢物語を語り合う一方で、「扇風機の裏側」に住む人々に一方的に負担が押しつけられていく、という状況に陥りがちである。

他にも、空港が周辺に与える影響としては、空港周囲の建物の高さは空港を基準に決めている、というものもある。空港周辺には各エリアに、進入表面、転移表面、延長進入表面などと呼ばれる、航空機の安全運航に影響を及ぼし得る高さが決められていて、これを超える高さの建物は基本的に建てられないことになっている。

現在、東京オリンピックを見すえて、羽田空港の航空機について、東京都心上空を飛行する経路の設定が検討されているが、六本木ヒルズや東京タワーといった高い建設物との間での運航の安全確保が検討課題の1つになっている。

実際には、離着陸の経路・飛行方式を設定する際に個別に安全検証を行うので、この表面を超えると一律に航空機が運航できなくなるわけではないが、晴れていてパイロットが目視できるときしか飛べなくなるといった運航上の制限が必要になったりするので、空港の運営と周辺地域の経済活動は、相互に影響を与え合う関係にある。

殿様商売の基本哲学——「客が少ないなら料金を上げろ」

公共が行う空港運営上の大きな欠陥の1つに、価格設定が顧客目線にまったくなっていないことがある。料金は、整備にかかったコストを回収する「原価主義」である。具体的には、国が整備する空港の着陸料などは全国一律なので、すでに設定されている着陸料の金額を前提に整備費が回収できるかを計算して整備事業を行っている、という順番になっている。

原価の回収に適正な利潤を乗せて料金を設定するという方式は、総括原価方式といわれ、民間で行う鉄道事業などの料金の上限決定にも使われている。これが最も効率的かどうかはさておき、不当に高額になっても困るし、他方で安定的に運営ができる財務基盤は維持してもらわなければ困る、という公共的なサービスにおいて、妥当性はある仕組みだ。

需要予測が妥当ならば、需要と価格と施設整備はバランスが取れるはずで、どちらが先でも構わないのだが、すでに述べたように需要予測が崩壊するので問題が生じ、そして本当の問題は、問題が生じたあとの対応にある。

民間事業であれば、採算が取れなければ減損処理をするなり、追加出資で埋めるなり、場合によっては料金を下げれば需要喚起できるのかを検討するなど、いずれにしても過去の失敗は認めて、新たに「不当に高額ではなく、安定的に運営ができる財務基盤が維持できる料金」のバランスが取れる方向に動いていくことが期待されるが、国の特別会計の大きな財布の中に入っている空港の運営はそのような動きにつながらない。

国の実態をいえば、これらの対策は、仮に誰かがそのような検討・提案をしたとしても、ほとんど理解が得られない。施設を減損して回収すべき対象を合理的な範囲に限定する、というケジメをつけるなどは、「過去の予算執行（＝国民の税金）がムダになった」と自ら宣言するようなものだからだ。

同様の考え方で、料金の議論も独特だ。エアラインの採算にとって、着陸料の占める割合は小さく、着陸料を下げたからといって需要が増えるなど、事態が大きく打開できるわけではないが、それ以前に、現在の料金を前提に想定需要で採算が取れる施設整備をした以上、料金を下げるのは、需要がいっぱいになっても採算が取れないということを確定させる意味を持ち、やはり国民の税金がムダになったと自ら宣言することになる。

その結果、政府の中で議論していると、「客が少ないなら料金を上げろ」という主張が正当なものとして通用することになる。

「帳簿上の価値」は実態ではない

料金設定の硬直性と似た議論として、空港の事業価値がある。民主党政権の初年度、空港には2兆円の埋蔵金があるから売却しろ、という主張があった。国が発表している空港別収支では多くが赤字になっているが、特別会計（空港整備勘定）の資産は3兆円、負債が1兆円なので、2兆円の資産超過があり、空港をすべて民間に売却すれば、負債を完済した上に2兆円の収入が得られ、赤字も止まるのではないか、というのだ。

なぜこういった議論が生まれるかといえば、簿価と時価が同じだという仮想があるからだ。簿価を基準に価値を考えるという発想は、公共の世界では頻繁に登場する。「かんぽの宿」の売却が検討された際も、「整備費用が300億円近くもかかっているものを100億円余りで売却するのは安すぎる」といった批判が生まれ、結局売却が凍結になったが、これも同様の発想だ。

これらははっきりいって間違っている。国の特別会計の勘定は、民間企業で行っているような減損チェック、すなわち毎年度の資産から生み出される収支を基準にして、資産に名目どおりの価値があるかチェックして、資産価値の減損が認められる場合には時価相当に価値を減額する、という処理は行っていない。

したがって、名目上の大きな資産価値が計上されているといっても、それは資産を取得した際の価格を前提にして、必要な減価償却をした結果がそうだ、というだけである。

民間に売却できる金額は、そこから生み出される収支をもとに計算されるので、多くの空港の収支が赤字なら、大きな売却金額は望めない、ということになる。同様に、別の事業に転用して採算性を改善することができるのでなければ、空港を廃港したところで残った資産を売却できるわけでもない。

乱暴な改革案と部分的に正しい現状維持案

長らく、公共的な投資は、「採算は見込めないけれど公共的に必要だ」というものも含め、民間ではできないものを行う、という位置づけだった。

「採算が見込めないけど必要」として投資してきたものを取り出して分析した場合に、投資総額に対して、収益ベースの事業価値が低い、というのはある意味当然だ。むしろ、投資総額に見合う事業価値になっているのであれば、民間活力の活用など必要ないことになる。

それを超えて、実際に適切に投資されて適切に運営されていれば出せるであろう価値が、すでに述べたようなさまざまな不効率を生む事情により発揮されていない、という面があるはずで、それこそが民間活力の活用の本来的な効果となるべき部分だ。

このように、公共的なサービスの改善には、性質上どうにもならない部分と、仕組みを改善すればなんとかなる部分を見きわめる専門的な対応が不可欠で、もともと民間の事業を改善するよりも難しい。にもかかわらず、民間で普通に行われているレベルの事業性の議論も行われていないのが実態だ。

世の中で改革案と称されるものは、「空港はすべて売却」という案に示されるように、変に簡略で正確性に欠けていることが多く、事情を正確に積み上げるとたやすく論破できてしまう。他方で、論破する側も、逆に改革案の一部分の欠点だけあげつらって、あとは公共的必要性だけを強調して終わり、他に努力できるはずの部分があっても放棄するような主張をしていることも多い。

すると、出てくる結論も、実情を十分考えていない「乱暴な改革」か、しがらみに敗れた「お茶を濁した程度の改革」のどちらかに収まることが非常に多くなる。「霞ヶ関文学」とか「抵抗勢力」とか表現されている行政改革を巡る対立の多くは、こういう構造になっていることが多く、建設的な改革が進められる土壌がしっかりできているとは言えない。

地域ぐるみの圧力営業

施設の運営主体である公共側の事情がなんであれ、空港はエアラインや貨物運送事業者、個々の旅客といった利用者が直接・間接に支払う料金で成り立っていて、すなわち利用者は民間である。民間の利用者は原則、受け取る便益の価値以上の価格は支払わないため、現に空港・周辺地域の魅力と料金がバランスの取れている範囲でしか利用されない。

ところが空港の場合、それで利用が低調に推移すると、今度は政治をはじめ、さまざまな圧力がエアラインにかかるようになる。事業採算性が前提になっていない路線をムリに飛ばせば、負担が空港からエアラインに移っているだけなので、民間事業としてのエアラインの経営をむしばむことになる。

平成22（2010）年に日本航空が破綻したが、搭乗率70パーセントが採算ラインといわれている中で、搭乗率50パーセント台の路線が大量にあった。路線計画の担当者が、「破綻処理のさなかにあっても、地元に説明に行けば、不採算路線でも何とかして維持しろという主張ばかりで、気が滅入る」と話していたのが印象的だった。

公共交通サービスを提供する主体として、エアラインが地域の期待に応えるべきという側面はもちろんあるのだろうし、エアライン側も事業性を高める努力をして、採算ラインを改善する努力ができるのではないか、という指摘ももっともであるが、その公共性の要求が実態に比べて過剰だったということだ。

再建された日本航空には、今度は公共的な支援で負債がカットされたり、地方路線をカットしたりして競争を歪めているということで、保有する航空機の機材数を制限されたりしている。日本航空は制限を受けてでも、事業性に納得できない路線は飛ばさない方針を堅持しているように見える。

一方だけ優遇されたら競争相手の全日空としてはたまらないというのも正論だし、幹線交通だけでなく地方路線を復活させて全国の交通ネットワークを強化したいという公共的な目標も分かるが、一方で、民間事業としての健全性を損ないたくないということにも正当性はある。一方的な議論だけで歪んだ競争環境をますます歪めても、全体としての航空交通の発展にはつながらない。

地域の期待が空港を滅ぼす？

空港の路線誘致は、事業性を前提としないという意味で陳情の域を出ないものにとどまっていることがほとんどだ。

「東京路線の拡充が地域の悲願」「国際線の就航が地域の期待」「欧米路線の復活を要望」といった言葉がよく聞かれるが、そこにはエアラインの採算性や想定される収益の分析が伴うことはほとんどないし、あっても地域の経済圏の総人口や有名な観光地が並んでいる程度の、事業実施の是非を判断するには足りない水準のものだ。

後背地の魅力があって人の移動のニーズがあれば、黙って座っていても客は来てしまうし、なければ何をやっても来ないのが空港の本質だ。空港の路線誘致は、事業分析上成り立つ路線を探し、エアラインが納得できる事業のポテンシャルを議論する努力が先に来る必要があって、路線誘致の目的地が先に決まっているようなものは大体ビジネス的に成立しない。

事業性が見込まれなくても地域のためにどうしても路線が必要だという話になれば、地域が責任を持って需要を喚起するか、事業性の足りない部分を地域でバックアップする、という発想が必要で、民間のエアラインに圧力や陳情を繰り返せば路線が誘致できるという考え方は捨てるべきだ。

「空港が頑張れば地域が潤う」わけではない

地域の期待が間違った形で表れるもう1つの例は、空港が頑張れば地域が潤う、という発想だ。先にも書いたように空港を目的地にやってくる旅客はいない。後背エリアにビジネスなり観光なりの用事があって、そこにたどり着く方法の選択肢の1つで空港を通るにすぎない。そして、個々の空港の事業規模はエアラインの事業規模に比して非常に小さい。

近年、地域ぐるみでエアラインに搭乗率の保証をしたり、路線に奨励金を出したりといった、地域が主体になって航空交通を維持発展させる動きが、エアライン側の経営上の事情もあって、急速に普及してきている。

方向性としては正しいと考えているが、こちらはこちらで行きすぎが心配で、やはりエアラインの事業性にまで踏み込んで議論ができているかといえば、単にあっちの自治体はいくら支援する、こっちの自治体はどういう支援をする、といった「支援合戦」の様相を呈していて、結局ビジネスベースの議論にはなっていないように見受けられる。

たとえば、エアラインから見て、努力してもしなくても結果が同じになるような支援（例えば赤字額満額の補塡）が得られてしまうと、営業努力をするインセンティブは失われる。

これではかえって、産業の将来性を歪めることになると考えられ、注意が必要だ。

この手の支援策こそ、民間のビジネスをよく承知した上で、正しいインセンティブが働き、将来的にウィン−ウィンの状況に向かっていくよう知恵を絞り、交渉を尽くして設定するべきだが、そういう意味での成功事例はまだ聞いた記憶がない。空港が地域とエアラインの両方の間に入り、専門的な知見を持って分析を提供し、また、将来的な事業成長に向けた布石の議論を整理する、といった形で進んでいくことが望ましい。

トランジット空港になりたいのか

空港の運営に関する意見の中に、「仁川《インチョン》空港はトランジット空港として発展しているから、それを目指せ」というものもある。トランジット空港に明確な定義はない。あえていえば、トランジットとは乗り換えのことなので、乗り換え客が多い空港ということになる。

しかしこれは、エアラインのハブ・アンド・スポークス戦略と切り離せない関係にある。エアラインが拠点を構えて、多方面の近距離路線を集中させて、そこからまとめて長距離の動脈路線を運ぶ路線設定を行うと、結果的にトランジットが増えるわけで、今の日本では、その機能は羽田と成田に集中している。

そういう意味で羽田や成田はトランジット空港なのだが、なぜ普段そう呼ばれないかというと、首都圏が目的地である乗客の数が多くて、乗り換え客が相対的に多く見えないというのに過ぎない。そして、日本のエアラインに羽田・成田以外の拠点を設けて路線を集約する戦略は今のところない。

すでに羽田と成田という首都圏に路線が集中している以上、それ以外にトランジットだけで成り立つ路線を設定することは日本国内では想定しづらいので、羽田と成田以外の「脇役」の空港から見ると、その目指すべき方向は、むしろトランジット空港とは逆、特定の拠点エアラインを中心にしないポイント・トゥ・ポイントの路線をかき集めてでも、全体最適を図っていくほうにいかに舵を切るか、にある。

エアラインから見て、拠点を置いて整備や運航などの機能を集中させるのは大きなリスクを伴うのに比較して、ポイントで就航する先としてなら、もう少し短期的なビジネスの状況をベースに対応が可能である。

そして、海外からの新規就航を目指すようなフェーズのエアラインは、将来の路線拡大や成長に向けていろいろな協働もできるポテンシャルも大きい。さらに、すでに一定の路線を張っているエアラインとも、同様に将来成長に向けた議論をしていけるようになるべきだ。

第3章

風に吹かれる民間風経営

全国1位でも井の中の蛙

空港の運営を本格的に民営化しようという動きは、平成23（2011）年度に本格化し、その第一号案件として選定されたのが、最も課題の大きな関西国際空港（関空）だった。本章では、関西国際空港株式会社（関空会社）、その運営を引き継いだ新関西国際空港株式会社（新関空会社）に焦点をあて、公共的な主体による空港運営の限界を見ていく。

当時、国と民間との資本による株式会社が運営する空港は、中部国際空港と関空の2つであった。

このうち関空は、海を埋め立てて作った莫大な借金があったぶん、最も経営課題が広く認識され、長らく経営改善の社会的要求の目にさらされてきたことから、2016年時点はもちろん、民営化の検討が開始された段階から、全国の空港の中では最も民間的・ビジネス的な運営が行われていた。

たとえば、関空ではLCC台頭のタイミングで、ピーチアビエーションが拠点を置いて設立され、その成功が話題となった。このプロジェクト単体で見れば、純粋民間経営といって違和感がなく、空港の発展という「公共性」と、会社自体の採算性確保という「民間性」のバランスを非常によく両立させられている。

この意味では、全国の空港の中でも一番先進的だったといってもいい。それを踏まえてなお、関空は全体としては純粋な民間経営には遠く及ばない水準で、井の中の蛙《かわず》、改革が必要だったというのが筆者の認識であり、以下はその前提でお読みいただければ幸いである。

社員と役員、役員と株主の縮められない距離感

公共法人は、構造上の問題を抱えた、見かけだけの民間企業である。普通の企業に普通に働く、仕組みとしての組織ガバナンスが欠如してしまう性質があり、本章で見ていくさまざまな問題の根源は、ここに集約される。民間企業としてのあり方を追求し、そのあり方自体も改善し、本当の成長を実現できるようにしていくことが必要である。

なぜそのような状態になるのかといえば、「株主が国」だからである。「株主が国」ということは、国の担当部局の担当者が株主を代表して会社をモニタリングするが、国家公務員には投資家としての専門性もなければ、多数の目で会社の情報をチェックする一般株主のパワーもないため、株主ガバナンスが欠如するか、少なくとも不十分になる。

負債の部に目を移しても、膨大な整備費用のために政府保証債が発行され、それ以外に発

行する社債も財投機関債に位置づけられる。財投機関債の信用力は、「国が最後は支援するはず」という認識をベースに議論されるので、事業内容を度外視して国債並みに高い格付けとなってしまう。ある種のモラルハザード状態に陥って、事業そのものの健全性をチェックするという意味での負債ガバナンスが欠如するのだ。

その上、関空会社は、政府が政府補給金という「お小遣い」を毎年渡して信用を補完し、それで経営は安定していたが、負債ガバナンスはますます機能しない状態になっていた。

株主の、会社に対する大きな権限の1つは役員の選定・報酬の決定であるが、国が行う役員選定にも課題がある。

国（官僚）の出身者が天下りで社長に就いたのはさすがに過去のことで、民間企業から役員を選んでいるが、それでも空港運営経験のあるプロ経営者は日本全国を見回しても不在であることから、地域代表的な考え方で役員が選任されがちである。

すると、空港会社のプロパー社員のほうが事業に詳しくなり、役員と社員の間に精神的な距離が生じる。

また国全体と地域、さらに会社の利害は必ずしも一致しないので、役員と株主の意識の乖離も生じる。だが、これらの乖離を正す動きはなかなか起こらない。役員報酬は横並びの観点から一定の水準に収まり、報酬額の決定で株主の意思が表明されることもほとんどない。

手足を縛られて泳げるか——低コスト資金調達の罠

さらに公共法人は、経営に関するさまざまな監督が行われることによって、ますます歪みが生じる。「株主である国の制限が多くて自由に経営できないのが問題だ」という主張があるが、これは一面において正しい認識だ。

公共法人では、毎年度の投資（事業計画）について、国の認可を必要とする。この投資審査を行う国家公務員は、投資のリスクやリターンを見るプロではなく、国の財政に悪影響のないようにという観点からの審査が主になるため、リスクの最小化にばかり目が行きがちになり、限りなくローリスク（できればゼロリスク）でなければ認可されなくなる。

ローリスクばかりに注目すると、当然ローリターンのものしか出来上がらない。本来、会社を経営する以上、適正なリスクを取って適正な成長を目指し、株主利益を最大化する姿勢が求められるはずだが、そのようには機能しない。会計検査の対象ともなるが、これも国の税金が正しく使われているかという観点で、民間事業として適切かという観点とは異なる。

出資者の政府は大きな配当をあまり求めず、政府保証債や財投機関債の金利も低いため、

「民間からの出資、負債に比べ資金コストが安く、運営上効率的だ」という主張も広く見られる。資金コストが安いのは事実だが、この主張が正しいのは、運営レベルが民間と同等ならば、という前提つきである。そして、ガバナンスの働かない組織の運営は、民間には劣る。資金が低利で調達できれば、高コスト・低成長でも結果的に会社が存続可能なので、かえってコスト削減や高成長を目指すモチベーションを失うことになる。

公共的な安い資金コストで事業を行うという仕組みは、巨大施設の新規整備という段階においてだけ、膨大な事業リスクを負担する公共主体の必要性と、その中でできる限り民間的に運営する民間主体の必要性がある場合に、ぎりぎり機能したハイブリッドである。その段階でも理想形ではないと考えられるし、整備を終えて既存ストックを有効活用して運営していくことに主眼が置かれる段階ではまったく有効に機能しない。

高い資本コストで高い成長を目指すことは、それ自体、悪でもなんでもない。経済学で学ぶ独占の利益の享受のような、ほかに負担を転嫁して自らのみが利益を上げる行動が起こるリスクさえ抑止すれば、高い資本コストの責任と緊張感のある経営のほうが、高い成長を実現し、結果的に社会に大きな便益を生み出せる。

責任なき民間風経営

仕組みとしての組織ガバナンスが欠如すると、ガバナンスが機能するかは、マネジメント自身の良心に委ねられてしまう。そして、関空会社の実例でいえば、残念ながらこれが真っ当に機能していたとは言い難く、「責任なき民間風経営」になった。

関空会社は、後述する経営統合の検討が進む横でも、株主（国）の了承を得ずに大きな投資をしたり、趣旨不明な新聞広告を打つなど、後から問われても採算性や合理性の説明ができない経営を繰り返し、財務省をはじめ関係者の怒りの火に油を注いでいた。そして社内では、「経営がうまくいかないのは、国の制限が多く自由にできないからだ」「負債は国が責任を持って処理するべきだ」という空気が支配的だった。

経営が無責任だったと断じる最大の理由を一言で表せば、国に選定された民間出身役員が、「負債は国が責任を持って処理しろ」と主張していたことに尽きると考えている。

ただし公平に見て、先述したように関空会社は民間出身の役員が就いて以降、劇的に経営が改善したことは強調しておく。営業強化、コスト削減にも真剣に取り組み、余剰人員も削減された。その結果、公共主体が運営する全国の空港で最も効率的な運営を行っていた。

そして、民間に負わされるには負債が大きすぎたという主張自体も、正しい面がある。当時で売上が1000億円に満たず、償却前営業利益（EBITDA）が500億円に満たない会社に、1兆円を超える借金はあまりに過剰だ、と考える民間的な発想はもっともだ。まさに、第2章で述べた過剰投資の典型ともいえる状態だ。

それでもなお、「民間で最大限負える経営責任は何か」という議論を突き詰めたかという問題は残る。最大限の努力による変化の可能性や限界を議論するのは難しいが、外から「改革は道半ばで、できることはいくらでもある」と見られている中で、現状肯定して変化の必要性を認めず、「自分ができると思うこと」に責任の範囲を限定するのでは、「あとは誰かが片づけてくれ」と主張しているようにしか見えない。

さらに、公共法人の資本構造は民間企業とは異なる。負債は1兆円超でも、政府保証債・無利子貸付などの支援策により、国債金利が1・5パーセント程度だった当時で負債の平均金利は2パーセントを切っていたし、計画的な返済を求められる代わりに株主への配当は求められなかったので、トータルとしての資本コストはきわめて低い。

民間企業の資本構造に合わせ、フローで見ればせいぜい負債5000億円程度のインパクトだっただろう。負債はEBITDAの7倍程度（3500億円程度）が適正水準とされるので、それでも多いが、経営改革の余地や将来の成長ポテンシャルを加味すれば、経営努力によっては返済できる水準の負債だったと考えている。

負債返済という責務を投げ出した経営は、個々の投資、運営も適切に判断できない。うまくいかなくても自分の懐が痛むわけではないので、「どうせなら大きいほうがいい。見栄えがいいほうがいい」と、世間へのインパクトばかりが判断に入り込みがちである。

この話になると、いつも感じることがある。筆者は現在40歳で、就学したばかりの子どももいる。あと20年以上は現役だろうし、子世代へこの国を引き継がないといけない。日本は公債残高が１０００兆円を突破し、破綻したギリシャよりも危険な水準だとさえ言われている。

現役世代が、負債のもととなった社会のインフラやシステムから利便を得ているのは事実だが、世代的な負担と便益のバランスをよく考え、バランスが取れていない部分は引退世代が貯蓄を取り崩し、現役に担える程度の負債にしてくれと言っても、引退世代は担ってくれるのだろうか。現にあるもの（負債）は前提として受け止めてベストを尽くすしかないし、それを放棄した一切の発言は無責任……これはそういう問題だ。

暴れるトラは放置して、ハエを追い回す

自由に投資ができないことを不満に思っている関空会社の役員は多かった。一方、国側には、経営者が負債返済の責任を放棄した発言を繰り返す中、むしろ投資が株主（国）のためになっているか、より厳しく審査するのが当然、という考えがあった。

関空会社は長い経営不振で、ペーパーダイエットとか、使わない電気をこまめに消そうといった、細々としたコスト削減は激しく徹底されていた。そういった不断の取り組みには、個々人の意識を高める意義があるが、あまりの職場環境の悪さに虚しくなるほどであった。

それなのに、何億円もの投資は採算性や必要性についてたいした議論もされずに通っていく。暴れるトラは放置して、ハエばかり追い回していては、職員が疲弊するだけである。

この不合理が発生する理由は2つあり、まず採算性を厳格に確認する文化が十分ではないこと、もう1つは、「公共的な要請」とか、「空港設置者の責任で」といった言葉が濫用され、正当化されることだ。いずれも、経営責任のありかが曖昧で、かつ空港経営のプロもいないので、組織のミッションも見えなくなりがちという原因があったと考えている。

たとえば、テナントから「採算が厳しいので撤退したい」と相談があったとする。すると

「その施設は公共性が高いので、空港設置者の責任で維持することとし、そのため、もともと契約にあった違約金は免除して施設を引き取ってあげたい」といった議論が社内で始まる。

その際に、「公共性」とは何か、「空港設置者の責任」とは何か、といった内容はろくに議論されず、何となくの雰囲気で終わる傾向があり、また、引き取ったあとの採算性、負担額、違約金免除の必要性といった内容は軽視されがちだ。その結果、会社全体の経営がどうなるのか、誰も責任もって判断していない。

規律が働かない巨額投資

施設の維持修繕は、安全確保のために当然やるべきことはやらなければならないので、その範囲内でどこまで効率化できるかが課題になる。現状は、対象となる施設単品での更新期間の延長などのコスト削減の取り組みは進んできたが、全体についてライフサイクル・コストを分析して長期の修繕計画を立てる、予防修繕による長寿命化でトータルコストを下げる、投資総額を中期的に割り振って平準化する、ということはまだまだ不十分だ。

個別の投資額についても、見込み額の根拠も必ずしも十分でなく、現実と乖離しがちである。正確にいえば、これらの改善は継続的に取り組まれているが、会社全体の経営の中で厳しいチェックにより是正していくリーダーシップが不在のため、中途半端になりがちだ。

たとえば、埋立地管理にあたる護岸等の整備は、向こう10年で400億円も必要だという要求が上がり、金額規模が過大なため、とりあえず投資予定から完全に落とし、1年かけて再検討してもらったら、消波ブロックの量を必要最小限にしたり、既存の構築物を防潮堤として活用したりすることにより、60億円でできる、という結果になったことがある。この例は極端ではあるが、投資の規律には改善の余地があるし、経営への影響も大きい。

もっと極端な例もある。関空会社は、国(株主)から、新関空会社のガバナンスが機能するまで新たな投資はしないようすべてが止められていたが、契約交渉が継続中の事案はあった。国と関空会社が議論した結果、落としどころとして、設立直後で開業準備中だった新関空会社の経営判断を尊重して、契約締結の是非を判断しようということになった。

新関空会社は関空会社から契約条件の説明を受け、収入や費用、投資の見通しなどについて議論した結果、新関空会社としても採算の取れる契約条件だと思う、ということで国に返答し、それで国が契約締結を承認したという流れになった。

ところが、契約締結した翌週には、説明になかった投資があと何億かかる、などという資料を持って再度新関空会社に説明に来た。さらに重要な収入の割引、費用負担、投資義務などが、新関空会社と国に対して事前説明していないのみならず、関空会社内の取締役会をはじめとする会議にも詳細が報告されていなかった。

ＬＣＣターミナルの整備はなぜ成功したのか

関空における投資の最大の成功事例は、第2ターミナル（ＬＣＣターミナル）だ。なぜ成功かといえば、整備の前段階で、利用者と膝突き合わせて必要な構造をきちんと議論し、いらない設備を思い切ってカットしたり、運用上の工夫がしやすい形を追求したり、さまざまな努力が行われ、結果、空港会社が整備コストに見合う値段を設定して、それでもＬＣＣの採算も取れる、つまり純粋にビジネスとして成立しているからだ。

最近整備が進んでいる新ターミナルにおいては、第2ターミナルの経験を踏まえ、「将来拡張可能な設計で現状は最低限の整備を行う」ことが突き詰められている。その結果、将来長期にわたり有効な投資として機能し続けることが期待される。

一般的に、公共主体では、夢だけ込めたような企画が通りがちで、それはビジネス的にナンセンスだったりする。

たとえば「ＬＣＣターミナルらしさ」にこだわり、「安く見える」設計を優先すると、かえって安全対策でコストがかかったり、汎用品ではない材料を使って単価が上がったりすることもある。すると、利用料金が高くて利用者が増えないか、コストが回収できない利用料金にせざるを得なくなるか、いずれにしてもしわ寄せを受けるのは空港自身である。

縦割りを、横に集めて、また縦に

関空に限らず、空港運営に必要な専門家はもともと国にしかいない。だから事業を開始する当初は国が出向者を派遣し、体制を整備する必要がある。それもあり、空港運営会社の組織は基本的にお役所的である。

お役所組織は担当によって縦割りにするから、各担当部局は各自の業務だけを見て、投資・プロジェクトの全体像、会社全体の収益性を把握する意識が薄くなりがちだ。これと、投資・プロジェクトの是非を判断する指標が社内的に未整備だったことが相まって、誰がどういうリスクを分析・把握して経営判断に至ったのか、よくわからなくなる傾向がある。

警備や滑走路の安全確保といった現場運用も、どう運営するかに経営手腕が試される大きな要素の1つである。

もともと専門職種に分かれている空港運営について、国では、行政改革の流れの中で、全国で数十カ所の空港を運営している状況から、それぞれの専門職種ごとに、多数の空港をどう効率的に把握・運営するか、という観点から効率化が進められてきた。利用者数の少ない空港にはカメラを整備して、複数空港の状況を1カ所で把握するなどだ。

これは、1つの主体が多数の空港運営を行う前提の効率化であり、単数または少数空港運営では効率を発揮しない。むしろ少数空港では、いろいろなことができる職員を養成し、マルチタスク化して専門職種間の壁をなくすほうが効率的だ。

現場組織は基本的に、緊急時への対応能力が必要なので、逆にいえば通常時は余力があるのが当然だ。その余力をどう効率的に他の仕事に振り向けるかという発想からもマルチタスク化は進めていくことができる。

このような調整は、強いリーダーシップがないと進まないが、ここに切り込める経営が不在だ。経営ミッションが曖昧で、役員が外部から登用されて専門性が不足すると、「安全は大事」と言われたとたんに思考停止になり、ほとんど現場にお任せ状態になりがちである。

たとえば、現場運用の統一化による効率化は、関空会社時代にすでに関空オペレーションセンター（ＫＯＣ）構想というものがあり、新関空会社が中期経営戦略で打ち上げて実現に向けて動き出した。その過程で、現場からは、ＫＯＣは緊急時の対応力強化のためであって、これをやっても人員の削減・効率化はできない、という主張が上がってくる。「安全」と言われて思考停止すると議論は終わってしまうが、よく聞けば、業務量そのものの議論とは別に、業務に垣根がある、一部業務が子会社に移って、担当職員の給与体系が違うのでマルチタスク化はやりにくい、といった理由が見えてくる。本当の効率化は、そのような議論を仕分けたさらに先にある。

予算は早く大きく、でも、もらっても使えない

お役所仕事のステレオタイプに「予算要求体質」があり、実際、組織をお役所的に作ると、残念なことにこの文化も踏襲されてしまう。国からの出向者が持ち込んでしまった、というのは、さまざまな問題の多くに共通する原因であり、新関空会社も、プロパー採用の社員が増え、少しずつ改善していっており、現在は道半ばと言うこともできる。

「予算要求体質」に明確な定義はないが、感覚的には、「要求しても査定で削られるし、要求しないで不足してもタイムリーに増額してくれることは期待できないので、『必要かもしれないお金』はとりあえず要求しておく」「予算の増減は前年までの実績をベースに議論されれ、要求の際は細かく議論する割には使った後はあまり厳密に議論されないので、もらった

予算はとにかく使いきろう」という行動がイメージされる。

いずれも国の予算制度の硬直的な面から生まれる弊害であり、現状でいえば、新関空会社はまだその文化を承継している。

そのため、「とりあえず要求」し、本当にいくら必要なのかを事前によく考えなくなる、さらに「とにかく使いきろう」によって、要求金額と使ったお金が本当に効果的・合理的だったのかを事後的に検証して修正する機能が薄い、という課題を抱える。

そして、予算はできる限り早い時期に、考えられ得る最大額をとりあえず言う、という文化になる。そして完成した長期的な投資見通しは、仮に「満額あげる」と言われたら、マンパワーが足りなくて使い切れないほど、現実とはかけ離れたものになる。

もっとも、これには、外部登用のマネジメントと現場の信頼関係が十分でなく、マネジメントに専門性も期待できないので、問題意識だけでもあらかじめ伝えておかないと、いざ問題が起きたときだけ急に担当部門が責められても困る、というような事情も影響している。

そして、実際いくらの投資額が必要かは調査や設計などの基礎的な検討をしてみないとわからないのは事実だし、その精度を上げるには長期間の経験の蓄積が必要なのも事実である。

ビジネスとして空港事業を成立させるには、長期的な投資の見通しの精度向上は不可欠であり、施設部門を、「安全が脅かされた場合に経営責任を取れないので、とりあえず言うだけ言っておく」という文化から、「知見の蓄積を活かし、なんでも安全、安全と訴えて経営判断を求めるのではなく、最低限の投資額で安全をきちんと確保する知恵を示すのが仕事」という文化に変えていく必要がある。

風に吹かれる陳情営業――成功は自分のおかげ、失敗は環境のせい

エアラインの路線誘致などを担当する航空営業の機能も、関空会社が一番きちんと行っている。これは、民間出身の役員が選定されるようになって以降、時間をかけて少しずつ努力を積み重ねて改善を図ってきたことによる。

すでに述べたように国や自治体が管理する空港には営業部隊がそもそも存在しないし、成田も長らく空港のキャパシティ以上の就航希望があって、常時ウェイティングリストが出ている状態だったので、数年前まで営業部隊がなかった。ただ、それでも他の産業の純粋民間企業の営業のレベルにはなっていない。

営業の実力が発揮されるには、単に自分たちの空港のキャパシティや利用料金などを説明するというのを超え、積極的にエアライン側の事業性を分析して、路線を計画しているキー

パーソンに当たるという知見・行動が必要だが、現状では、まだ、何となく支店の担当者に御用聞きにいって、誘致できそうな路線を教えてもらっている、というのに近い。

御用聞きにいけば、当然、空港利用料が高いとか何かにつけて要望を受けるので、社内に帰って「値引きをしなければ誘致できない」と主張するのが仕事のように内向きになりがちである。

また、空港が主体として完結できるビジネスはインフラ提供までで、あとはエアラインが採算を取れると判断したら利用される、という役割分担になっている。そのため、景気がよければ何もしなくても便が増えるし、悪ければ何をやっても難しい面があるのが実態だ。

御用聞き営業は、実力による成果が何かを把握できないので、好景気で増便しても自分たちの手柄のように言い、減便されたら環境のせいにするという状態になりがちである。

そしてまた、路線の営業の仕事は、滑走路や誘導路などの莫大な設備を背景に、発着枠という商品をエアラインに売っている、という構図のわけだが、縦割り組織の中で、施設整備は技術部門に任せきりで、いくらコストが生じているかも把握していないし、その運用上の工夫で発着枠が拡大し、それが自分たちの商品になるといった発想で見ることも少ない。

テナントなどの商業を担当するターミナル営業には、先例は多数ある。ターミナルビルは第三セクターが運営するものが多く、全体的に見ると公共的で活動も活発ではないが、一部は民間的に活動しているものもある。旅客の移動が主に航空利用から生まれる点や、免税店をはじめ、空港独特のルールがある点などを除けば、大規模商業施設と近い事業でもあり、そういう意味でノウハウは民間にも多数ある。

関空会社の終わり頃から新関空会社に変わったあとは、長らく外部委託していた直営店舗を自前で展開したり、既存契約の条件変更やテナントの入れ替えに取り組んだりして民間的な運営を目指してきた。それにより大きく改善された面もあるが、民間としてはまだまだ改善の余地があるだろう、という状態だ。

構造的課題として、空港の利用者からは、「こういうお店がほしい」「もっとお店がほしい」「いつも開いていてほしい」といった声だけがよく聞かれる。そういう声に押され、会社としてどう経営するかという観点が薄くなり、施設を改装して新店舗を開店する戦略に過重に偏りやすく、採算分析が甘くなりがちだ。

すると「運営力の向上を突き詰め、1店舗あたりの売上・利益を最大化しよう」という発想が弱いまま拡大路線を突き進み、最終的に全体の採算性が怪しくなるリスクが生まれる。

空港が一般的な大規模商業施設と大きく違うのは、施設自体の魅力ではなく、航空需要自体が伸びればそれに応じて利用客が増え、利益が伸びるという関係にあることだ。顧客の性質が変われば、売れる商品も変わっていく。だから、突き詰めれば、空港の商業は、航空営業との戦略的な調和を図ることが必要になる。

矛盾だらけの組織運営――「広く公平に」による逆説状況

公共法人が抱える問題は、職員の処遇などを通しても組織内に深く広がる。職員の給与等の体系は国家公務員制度にならって作られ、基本的に成果と個人評価が断絶しがちである。賞与支給額や昇給額を成果に応じさせる取り組みは、近年は国も含めて掲げられてはいるが、実際の人事評価制度の評価は中央に寄りやすくなる。

このような課題は民間にも共通するが、運用の硬直ぶりがよりひどい。むしろ、「給与全体が柔軟に設定できず、純粋な民間に比べて処遇による職員のモチベーション向上を図りづらいので、賞与の評価を上下させると、かえって低い評価を受けた職員のモチベーションが下がる」といったような結論になりがちである。

すると若手の職員を中心に、「やってもやらなくても同じ評価で、やるだけ損なので、個人の熱意だけでやれる人はやるし、そうじゃない人はやらない組織」といった認識が浸透する。経営が責任とビジョンを持って組織改革に取り組めば、多少制限があるとはいえ一定の改革は可能だ。それが行われないのは、やはりマネジメントの問題と言わざるを得ない。

さらに仕組みの問題として、工事の発注などに公共調達のルールも適用され、民間的な経営努力がしづらい。公共調達は、談合などで市場価値より高値で契約され、公共側が損をする（＝国民の税金がムダになる）ことを阻止する観点から求められる仕組みのはずだ。

ところが、（職員が談合に関与するいわゆる「官製談合」の防止という観点も含まれるからだと考えられるが、）公共側が広く公平に仕様と評価基準を先に示し、手を挙げてきた提案のうち、最も魅力的なものを機械的に採用しなさい、というルールになっている。

すると、担当者が個別に交渉して価格を下げたり、付加的なサービスを勝ち取るといったことがしづらくなって、結果的に合理的な価格での調達努力が阻害される、という逆説的な状況になる。

確実に達成できる目標は、目標ではなく見通しである

組織的なミッションやリーダーシップが不在だと、経営計画やその目標も方向性を失ってくる。すると、「3年後の目標を立てましょう」となっても、「各現場から出てきた積み上げ

での数字になるから、それを目標として設定するのが適当だ」となり、個々の職員の努力が十分か、マクロ的に見て妥当な水準か、といった議論はまったく深まらない。

目標そのものの妥当性の議論が深まらないと、達成できたかできなかったかの議論も深まらないので、「高い目標を掲げて失敗するリスクをとるのは損だ」となる。

低い目標を掲げて必ず超えれば、それで満足という意識が蔓延し、高い目標を掲げようとすると、「そんなもの実現できるわけがない、かえって実現できない高い目標を押しつけられた職員のモチベーションが下がる」という反発を受ける。

たとえば、新関空会社で発着回数の誘致目標をどの水準にするか議論しようという場には、営業現場が「達成できると思った数字」を積み上げただけの資料が提出され、そもそも「見通し」と題されていて、精緻な分析や目標は込められていなかったりする。

費用の項目も、誰かが全体の水準を管理しているわけでも、技術的な検証をしてあるわけでもなく、各部門が必要だという費用を積み上げただけのものがベースになっている。

公共法人の作る目標の多くは、経常利益で設定されることが多く、かつての関空会社もそうだったが、実はこれも問題だ。

利払い後の、株主還元または負債の元本償還に充てられる利益で見るという発想自体が間違いなわけではないし、株主である国にとってはその数字こそが出資も含めた国有財産の保全状況を把握する上で正しいという理解も間違ってはいないのだが、仕組み上、経営のガバナンスが利かなくなる特殊な課題がある。

関空会社の負債の主要部分は政府保証債と財投機関債だが、これらは10年債が中心である。空港を整備したコストは当然10年では回収できないので、毎年償還期限が来た社債を償還する際に、一部は自主財源で返すが、大部分は新たな10年債を発行して別の負債にすることを繰り返し、超長期での返済を目指す。

このため、将来の経常利益を想定するには、将来の負債金利の想定が必要になる。そして、この将来の金利想定は、インプライドフォワードレート（財務省理財局が示す指示金利）というもので計算されるルールになっている。インプライドフォワードレートは、たとえば今の10年国債と20年国債の金利の差をもとに、今20年国債を買って運用するのと、今から10年間10年債で運用して、10年後にもう1度10年国債を買って運用して、結果が同じになる金利を10年後の10年債金利として想定しよう、というファイナンスの理論だ。

この理屈に従って何が問題かというと、当時、実際の運用では、インプライドフォワードレートによる将来の金利予測は上昇傾向になっていたのに対し、金利が下降傾向にあったた

図表1　インプライドフォワードレートの仕組み

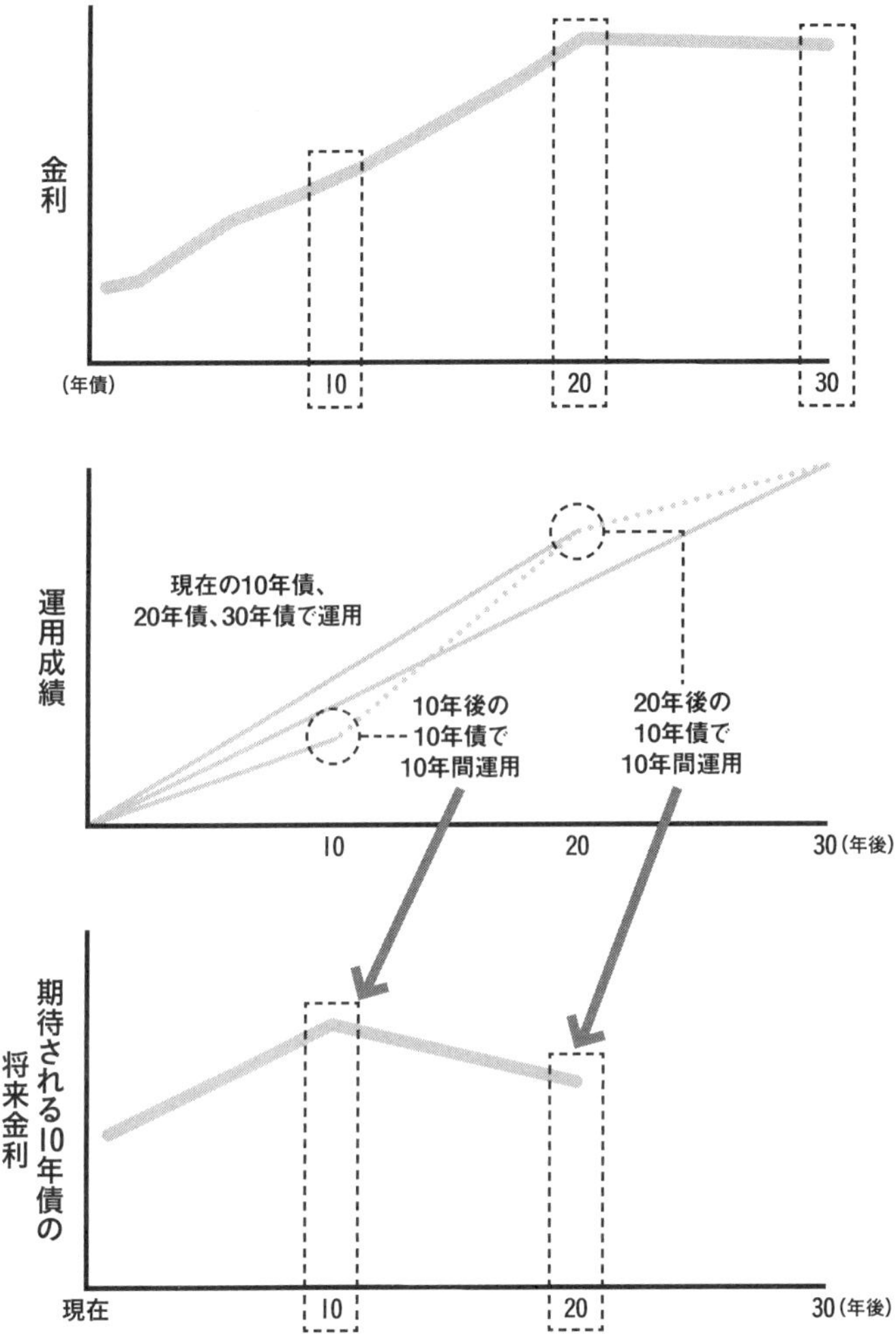

め、計算する都度利払い費を下方修正する結果になっていたことだ。

それにつられて経常利益は、期初見通しよりも中間決算が、中間決算時の期末見通しよりも年度末決算が、常に数十億円規模で上方修正され、経営が改善して見えるのが常態化しており、実際の営業成績が改善しているのか、悪化しているのかが見えづらくなっていた。

決められない経営会議

以上のように、根本的には国が株主であることによる株主ガバナンスの欠如に始まり、負債ガバナンスも欠如し、経営者の責任感ある経営判断が失われ、組織内でのミッションの不存在または不徹底になり、専門的な議論がきちんと行われる専門性を持った役員がいなくなると、会議はとても非生産的なものになる。

経営状況に関する会議は、「こっちは好調だけど、あっちは不調で、その原因は経済環境だ」というような、ただの情景の描写にとどまり、次のアクションの説明もなければ指示もなく次に進んでしまう。航空機運航やファイナンスなど、専門性が高いテーマになると、全般に関する指示はほとんど行われない。むしろ、地域イベントやターミナルの利便性向上のようなとっつきやすいテーマになると、活発に議論が行われる。

いずれのテーマにも共通して、多数の参加者を集め、長時間をかけて議論して、結局会議の結論がはっきりしないまま解散になる。するとあとから、「あの部分は修正を前提に了承が得られたのでは？」「いや単に個人的な意見を言っただけで、修正しなければ了承しないとは言っていない」といったような解釈論争が担当レベルで発生したりする。

規律を高めて堅実経営をするということに加えて、将来の大きな成長に向かって何をしたらいいのか、については、案はたくさんある。

一昔前はできる限り地上交通と航空交通をスムーズに結ぶのが最良とされていたそうだし、最近はショッピングモールを中心に作ってなるべく旅客に滞留してもらうのがいいとされている。世界で「答え」とされている内容自体も、時代とともに移り変わっており、きっとこれからも変わっていくと考えられる。

そのため、個人的には、出資と経営の利害を一致させ、失敗したら懐を痛める覚悟でリスクを取って新しいことにチャレンジするなら、それはなんであっても正解なのだろうと思っている。

公共運営のメリットは本物か

公共法人による運営のメリットとしては、周辺の関係者からは公共が運営しているというだけで安心感を持たれる、という点がある。

経営統合して伊丹空港を国直轄から国出資法人の運営にするときにも、民間になると周辺環境対策をまともにしなくなるのではないか、といった懸念が多く寄せられたし、国出資法人からコンセッションにより民間運営にする、と言ったときの懸念はもっと多かった。

この懸念への答えはこれから明らかになっていくだろうが、新関空会社の運営に関わってきた経験から言えば、実績を積めば、「杞憂だった」という理解が広がると考えている。そもそも、「公共的な主体がやっていると安心」とか、その裏返しとして「民間だと利益主義に走る」という考えはあまり現実に即していない。

国直轄の時代は、過去の経緯からズルズル続ける環境対策が多い反面、予算制度の硬直性もあり、新しい課題に対処する取り組みは進まなかった。むしろ会社経営になり、必要なことに重点を置き、全体予算を抑えながらも効果的な対応を行う努力が進んだ面も多い。

民間企業には、もちろん前提として義務なり責務をきちんと示す必要はある。周辺環境整備等は空港の事業上、前提になる必要な業務であり、民間企業は合理的に考えて必要なことは当然行う。本当に必要でないことはやめたり、別の対策に機動的に変更したりすることも、民間的な経営努力に含ませることで、段階的に改善が図られる余地がある。

公共運営のもう1つのメリットは、国や地方からの出向者がいることで、政策的な議論や調整などに強いということがある。

たとえば、「特区制度を用いて新しい事業を誘致しやすくしよう」という話があった場合、どのような順番でどのような論点を整理していくと実現するか、ということについて組織の中にノウハウがある。純粋な民間企業だと、こうしたことは特別の部署や担当を設けて、ゼロから経験を積んでいく必要が生じる。

少し話がそれるが、国際線の出発ルート上に免税店があるが、それなら到着ルート上にも免税店を置けば、買い物の機会が増えて旅客にも空港にもメリットがあるのではないか、という話が盛り上がり、税制要求されたが実現しなかったことがあった。

到着ルートに免税店を置こうとしたのは、「化粧品を買って出国し、当然海外では使い切らず(場合によっては開封もしないで)国内に戻る人が実際にはいる。それなら到着で免税店があれば、わざわざ海外旅行中に持ち運ぶ必要もないし便利だ」という理屈からだ。

そもそも出発の免税店はなぜ免税かというと、難しい理屈をものすごく大雑把にまとめれば、「税金は、同じ条件の人には公平に課されないといけない」という原則がまずある。「国際線の出国審査を通ったあとの人は、飛行機に乗ったら外国にいることになるので、その人が持つ品物は外国で消費されるだろうから、日本国内で消費されるものとは別の取り扱いでいい」ということだ。

だから、出発ルートで買い、海外に持って行ってそのまま持って帰るなどということ自体、税制当局からすれば、ある意味公平性の観点から出発の免税店を認めない理由として受け止めたい話である。現状が「これまでの経緯もあるし、どこで買ったか調べようもないのでお目こぼし」という認識になっているのだ。そのため、到着して国内に入ってくる人を税制上別の扱いをする理由として正面から現状の実態の話をしても通用しない。

税金の議論はもっと公平性を意識して行う必要があり、到着免税が認められるのは、他の国内消費と同じように見えて何が違うのか、日本人のアウトバウンドと外国人のインバウンドの双方の海外旅行を振興することで生まれる経済波及効果まで含めて、政治的・社会的な理解が得られるとき、ということになる。

第4章

止まった成長エンジンを起動する

関空・伊丹経営統合

関空・伊丹経営統合の担当に

いわゆる関空・伊丹の経営統合とコンセッションは、まず関空会社の運営する関空と、国が基本施設を直轄運営し、第三セクターの大阪国際空港ターミナル（ＯＡＴ）がターミナルを設置運営する伊丹空港を統合、その上で政府補給金は受け取らない前提で、関空の約１・３兆円の負債完済が見込める条件で運営権を売却するというプロジェクトだ。

直接的な経緯は２００９年９月に始まった民主党政権の初年度にさかのぼる。その後自民・公明の連立政権になってからも継続して進められ、16年４月にオリックス、ヴァンシ・エアポートコンソーシアムが設立した関西エアポート株式会社が空港運営事業を開始したことでいったん完結したので、およそ６年に及ぶビッグプロジェクトになった。

関空が経営困難に陥っていることはかなり前から認識され、さまざまな対策が行われてきたので、それも含めればもっと長期にわたる努力のいったんの集大成となる。

筆者は10年８月に、国土交通省成長戦略を受け国交省の航空局に設置されたプロジェクトチーム、関空・伊丹経営統合準備室に配属になり、12年４月からは新設された新関空会社に出向、本プロジェクトのほとんどの期間、直接の担当者として検討・調整を行ってきた。

本章では、12年7月に新関空会社の下に関空・伊丹の経営が統合された仕組みと、それまでの約2年半の過程を振り返り、公共主体による公共インフラ運営事業の改革にあたって生じるさまざまな論点を見ていくこととする。

この期間は、大きく3つのフェーズに分けられる。

第1フェーズは09年9月から10年6月。民主党政権の初年度に事業仕分けが行われ、関空問題の抜本的な解決策が示されるまで政府補給金は凍結、という結論が出された。これに対し、国土交通省成長戦略が策定され、関空・伊丹経営統合とコンセッションという方針が抜本的な解決策として示され、政府補給金の凍結が解除された。

第2フェーズは10年7月から11年6月。国交省航空局にプロジェクトチーム（関空・伊丹経営統合準備室）が設置され、関空会社の株主である広域自治体や地域経済界、ほかに両空港周辺の地元自治体などが一堂に会する意見交換会が開催され、経営統合のあり方について地域合意が得られた。その上で、それを実現する法案が国会に提出され、与野党対立の国会情勢ではあったが成立した。

第3フェーズは、11年7月から12年6月。経営統合の実務を行うため、国交省航空局、伊丹空港を管理する大阪航空局、関空会社にまたがって組織横断的な検討体制ができた。

公募の結果、新日本監査法人を中心として、アンダーソン・毛利・友常法律事務所、関西法律特許事務所などが参加するアドバイザリーチームが選定され、論点を1つずつ整理し、新関空会社を設立し、事業開始に必要な諸々の手続きが進められた。

新関空会社が関空・伊丹両空港を運営する上での国土交通大臣の基本方針が、広域自治体や経済界が参加する協議会の意見を聴いて定められた。それを経て、12年7月に新関空会社による両空港の運営がスタートした。

しがらみこそがリアリティ

第1フェーズでは、関空・伊丹経営統合及びコンセッションの方針が策定された。つまり政策の方向づけがなされたということだ。

政策決定の多くに共通するが、公共インフラは、長期にわたって事前調整されて出来上がり、その後長期にわたって活用される。経済の起爆剤として周辺地域にメリットをもたらす一方で、広大な土地の確保のために住民に立ち退いてもらったり、周辺環境に悪影響を与えたり、というデメリットは個々の住民の生活そのものに影響を与える。

そのため、関係者の種類が多く、時間もかかり経緯も複雑になりがちで、何か新しいことをしようとすれば、何かしら過去のしがらみにぶつかるのが当然だ。

しがらみが生まれる原因には、長い歴史の中で、すべての関係者が何らかの負担を受け止め、それぞれ自分なりのストーリーで納得しているので、現状認識は同じでも、原因の認識やあるべき解決策の認識が異なっていくからという面がある。それをすべて完全に満たす解決策など論理的に存在しない。

また多くの場合、政策立案は、対象案件の事情や政治的な状況などから、しばらく様子を見るという選択肢はなく、何らかの答えを出さなければならないという条件下で動く。

そのため解決策は、政策立案の段階でわかる状況をベースとし、絶対に必要なことを外さない範囲内で、他のことはできる限り丸く収めるというレベルまでが限界になる。反対者がある程度いることや解決が難しい課題があるのは理解した上で方針を掲げるし、また、走りながら調整する前提で、細かい論点までは固めずに走り出す。

「しがらみ」と聞けば、「ないに越したことはない」と思うのが自然だろうが、むしろ、しがらみを正面から受け止め、どのような解決策が作れるかが政策決定のリアリティであり、しがらみを考慮しない議論はたいてい批評の域を出ない。

関空と伊丹をめぐる歴史的経緯

ここで一度、国土交通省成長戦略が定められるまでの大まかな流れを振り返ってみる。関西の空港問題の長い歴史の中では、現在に関わりが深そうな論点だけでも、以下のようなことがあった。

関西の基幹空港は長らく伊丹空港であったが、市街地に近く、民間航空のジェット機化が進むと、その騒音問題が激化。住民団体などから空港の使用差止めなどを求める国を相手とする訴訟・調停が多発した。

旧運輸省は、航空需要増大への対応として検討していた関西第二空港について、仮に伊丹を廃港しても、その役割を十分担える位置・規模の空港新設の方針として、1974年に泉州沖（現在の関空周辺）に、平行滑走路2本（と1本の横風用滑走路）が最適と結論づけた。

当時は騒音や整備に伴う土地収用などへの批判が激しく、空港は完全にNIMBY（家の裏にあるのは嫌な必要施設）の迷惑施設と認識されていたため、さまざまな議論・調整があった。その際、候補地の1つに挙がっていた神戸沖（現在の神戸空港周辺）案について、当時の神戸市長が受け入れを拒否したことが場所選定に大きな影響を与えたと言われている。

その後しばらく、現在の関空がある泉州地域で反対運動が続く。これらが解決し、建設・運営主体は中曽根民活の一環として国の出資する特殊会社が行うこととなり、82年、関空会社が設立された。環境アセスなどを経て87年に着工、沖合5キロの海上を５００ヘクタール以上埋め立て連絡橋で陸地と結び、滑走路1本の空港として94年に開港した。

伊丹空港では、関空着工期間中の90年に、運輸省と地元自治体の協議会、運輸省と調停団との間で、運用形態などを取りまとめた協定書（いわゆる存続協定）が調印され、7時から21時までの1日14時間運用、1日の発着回数は３７０回でうちジェット機は２００回まで、騒音影響の軽減策を実施するといった条件の下、存続が合意された。

なお、伊丹廃港を主張する立場からは、合意そのものが政策の誤り・方針変更のように言われるが、関空はこの段階では1本の滑走路とターミナルしか着工されておらず、伊丹はクローズパラレル（近い平行）といって、相互の離着陸状況を航空管制官が監視する必要はあるが、1本の滑走路よりは効率的に飛行機を飛ばせる2本の滑走路で運用されていて、供給を需要以下に制限することなしには、伊丹の廃港はできなかったことに留意する必要がある。

さらに、関空の発着回数は構想段階でオープンパラレル（空間の空いている平行）といって、相互の離着陸状況に影響を受けずに独立運用できる2本の平行滑走路を中心として、年間の発着回数は最大23万回が想定されているものの、関空がオープンした翌年度以降、10万回を下回ったことはなく、伊丹は存続協定に従ってずっと概ね13万回であるため、関西の航空需要は関空だけで処理できる最大回数を常に上回っている点にも留意が必要である。

近隣にある3つの空港の役割分担

関西空港は開港間もなく、第7次空港整備5カ年計画で、「2003年には1本の滑走路では処理能力の限界に達する」とされるなどして、第二期工事の検討が進み、99年にはさらに沖合の500ヘクタールを超える埋め立てが着手された。

02年には、需要見通しを大幅に下回っている状況の中、将来にわたり負債完済ができないとの見方が強まり、社債の発行プレミアムが国債に対し2パーセントぶんを超え、事実上資金調達が不可能になった。これを踏まえ、03年度から国が重要な公共インフラである空港の安定確保のために政府補給金を支給して信用補完することで、格付と資金調達の環境を維持することとし、以降これが継続する。

関空会社は、当初から国家公務員の天下り社長が続いていたが、政府補給金の支給が始まった03年からは民間、現パナソニックから社長を迎え、経営合理化に取り組んだ。第二期事業も、経営状況に鑑み、滑走路と最低限の誘導路だけを供用する限定供用を行うこととなり、07年に供用開始した。

伊丹空港では、04年から06年にかけて、ＹＳ代替ジェット機枠という歴史的経緯で認められてきたジェット機枠の廃止、高騒音の大型機の就航禁止、国内長距離路線の便数制限などが行われた。

神戸市周辺は、82年には新空港の神戸沖誘致に方針を変更し、関西第二空港の整備地の変更という意味での誘致はできなかったものの、市営空港として95年度政府予算に着工準備調査費が計上され、環境アセスなどを経て、99年に着工、06年に神戸空港が開港した。

神戸空港の開港を目前にして、関西3空港懇談会という国、大阪府知事、兵庫県知事、大阪市長、神戸市長、関空会社が参加する場において、関西3空港の役割分担についての考え方が説明、了承され、それは現在も引き継がれている。具体的には、以下のような内容が地域により了承されている。

・関空は西日本を中心とする国際拠点空港であり、関西圏の国内線の基幹空港。国際線が就航する空港は今後とも関空に限定。

・伊丹は国内線の基幹空港。発着回数は３７０（うちジェット枠２００）を上限、運用時間は7時から21時までの14時間。
・神戸空港は150万都市神戸及びその周辺の国内航空需要に対応する地方空港。運用時間は15時間。1日の発着回数は60回、年間の発着回数は2万回程度が上限となる。

民主党政権下での成長戦略の策定

2009年8月に国交省から、10年度の政府補給金を90億円から160億円に増額してほしいという要求が財務省に出された。予算は概ね毎年8月末に各省庁の希望予算額が概算要求として財務省に出され、各省庁と財務省とで政府内調整が行われ、12月後半に閣議決定で政府予算案となり、1月から始まる国会に提出され、年度末頃成立するという流れとなる。

関空会社に支給されていた政府補給金は、政府予算なので毎年度の国会の審議・承認を前提にするものの、制度創設当時の見通しによれば、90億円が30年間支給されることにより、関空会社の負債完済が見込まれるとされていた。

同年8月末に衆院総選挙があり、政権交代があって民主党政権が生まれた。新政権は「脱官僚」「脱公共事業」を掲げ、事業仕分けと銘打って政治主導による予算の見直しを始め、政府補給金はその議題となった。増額要求に立腹した財政当局が政権に議題として提案したとも言われるが、真相はよくわからない。結果は、「伊丹空港を含めた抜本的解決策が得られるまでは政府補給金を凍結」、関空会社の負債調達金利は即座に0・3〜0・5パーセントポイントほど上昇した。

国交省は、同じく民主党政権下で検討の始まっていた国土交通省成長戦略会議（座長は長谷川閑史・武田薬品工業社長）で抜本的な解決策を示すべく、検討・地域調整を行った。当時の橋下徹大阪府知事をはじめ、いろいろな意見が出て調整は難航したが、最終的に10年5月に発表された成長戦略に、「バランスシート改善による関空の積極的強化」と題して、以下の内容が盛り込まれた。

・関空会社に1・3兆円を超える巨額負債があり、営業黒字は確保するものの政府補給金に依存せざるを得ないという「バランスシートの抜本的な改善」と、それが経営の足かせになって24時間運航可能、空港島内のスペースに余裕があるという本来の優位性を活かせていない「関空の本来の優位性を活かした競争力強化策」と、伊丹との関係整理が必要という「伊丹の活用のあり方」という相互に関連する諸課題の抜本的な解決を図り、関空を首都圏空港と並ぶ国際拠点空港として再生する必要がある。

・伊丹からの人為的な路線移管では、競合関係にある新幹線の運行強化もあり、結果として

「同じパイの中での寄せ換え」にすぎない。両空港の構造的問題に正面から取り組み、成長戦略として「パイの拡大」を意図するものでなければならない。

・関空は、政府補給金への依存体質から脱却し、巨額債務の返済により、健全なバランスシート構築を目標とすべき。関空のキャッシュフローから生み出される事業価値のみならず、伊丹のキャッシュフローから生まれる事業価値や不動産価値も含めてフル活用も検討する。

・手法としては、両空港の事業運営権を一体で民間にアウトソース（いわゆるコンセッション契約）する手法を基本に、その可能性を追求する。ただし、コンセッション契約は不確定要素が残るので、実際は、たとえば持株会社の設立といった方式により両空港の経営統合を先行させ、民間の提案を積極的に受け入れ、具体的方策を検討することが適当である。

・関空は、新たな国民負担に頼らずに関空会社のバランスシートの改善を図ることができ、LCC誘致によるインバウンド受入拠点としての地位確立などを図る、伊丹は、当面は関空の補完的空港として活用しつつ、将来的なリニアによる周辺状況の変化などを見通し、廃港・関空への一元化を検討するといった、民間の経営判断により、具体的な活用方策を決定する。民間経営によって「パイの拡大」が期待される。

こうして、国土交通省成長戦略において抜本的解決策が示されたことを踏まえ、政府補給金が凍結解除され、少し減額されて75億円が関空会社に支給された。

関係者の認識の相違——それぞれの被害者意識

経緯をなぞっただけだと、国土交通省成長戦略には、よくわからないことが多い。これは、関係者の認識の相違を前提に、そのときの状況認識をもとに、その段階での判断としてベストだと思われることを選んだ結果こうなった、と考えるのが正しいと思う。

関係者の認識の相違と、それに対して成長戦略がどのような方針を示したのかを筆者なりにまとめると、以下のようになる。

まず、莫大な負債が関空会社の経営を圧迫していることに異論はないとして、このような負債が生まれた原因はどこにあり、解消する責任は誰にあるのか。

株式会社なのだから会社自体の責任に決まっている、と思われるかもしれないが、「国の政策で投資をしたので責任は国にある」「海を埋め立てて国土を造成する事業は国が行うべきだった」「公社（国の予算）を前提に検討が進んできたのを中曽根民活で株式会社に変更したのが間違いだった」など、国の責任で負債問題を解決すべきとの意見が、地元自治体、経済界を中心に根強かった。そして関空会社の民間経営者もそのような考え方だった。

他方で、関空会社の経営合理化努力はまだまだ足りず、国の責任で解決せよという意見は責任転嫁だとする意見があった。

成長戦略は、国が伊丹という利益事業を新たに出資して一定の責任を果たすものの、基本的に会社の負債は会社の事業で返済するという考え方を明確にしている。

次に、関空の経営の仕組みが合理的でないことについても概ね意見は一致していたが、そのポイントはどこにあり、どう解決すべきなのか。

関空会社は特別の法律により設立された特殊会社なので、毎年度の投資は国の認可を必要とするなど、公共目的の観点からさまざまなルールが付加されていた。公共の出資の下で役員の民間登用を行うことにより、地域の代表が運営にあたることには一定の合理性があり、問題は、投資や職員の処遇など経営の自由が制約されることだ、という意見があった。

他方、「負債は出資者である国の責任」などとして経営責任を放棄している状況では、むしろより厳しく投資が株主のためになっているのか審査するのが当然で、出資者と経営の利害が一致していない状況こそが問題だ、という意見があった。

成長戦略は、完全な民間運営をゴールとして明示している。さらに、「持ち株会社の設立といった方法により」と例示するところに、関空会社に伊丹をつけるという形ではなく、新しい経営の形を作り、国出資法人としての運営期間にもガバナンスを改革する意図が見える。

もう1つは、関空を国際拠点空港として機能させなくてはならないという点は一致し、さらに、関空・伊丹・神戸の3空港が結果的に近接していることにより、パイの食い合い、足の引っ張り合いのような構図になっているのが問題だという見方は一致するとして、誰が被害者で、誰が加害者なのか。

関空周辺には、「伊丹の廃港要望からすべてが始まり、地元のさまざまな議論を超えて空港を受け入れたのに、伊丹が中途半端に活用されているから関空が伸び悩んでいる」という被害者意識があった。リソースが分散しているから総合的な魅力が生まれないので、関空に集中的に投資して、アクセスも改善すれば伊丹はいらないはず、周辺環境問題のある伊丹の利用を縮小していくのは当然、という意見もあった。

他方、伊丹周辺には、「長距離便を関空に移管させられたが定着せずに廃止されたので、結局は経済合理的でない関空支援策のために伊丹が痛めつけられただけで、誰も得せずに終わった」という被害者意識があった。

神戸には、「関空候補地のときに断っておいて、あとから作られたのだから当然関空の邪魔にならない範囲で運用すべき」という意見がある一方、「その趣旨は理解しつつも、過剰に制約されており、関空に悪影響を与えない範囲でももっと活用できるはず」との被害者意識があった。

成長戦略は、関空・伊丹を併せた「パイの拡大」を謳いつつ、廃港の可能性も明示し、民間の経営判断で決定するとしている。つまり、政治的な思惑で決めるのではなく、民間の経済合理性の判断をベースに決めようということにしている。

最後に、神戸空港の取り扱いについて。関空会社は国が3分の2出資、伊丹は国の直轄事業なのに対して、神戸空港は運営主体が神戸市であった。神戸市が、全体の議論に委ねるというような判断を下していれば結果は違ったかもしれないが、一体運用に乗るには空港の運用緩和が条件という姿勢を崩さず、議論が収束しなかった。そのため、神戸空港をどうするかは市の判断に委ねることとして、国が強い影響力を及ぼせる関空・伊丹の経営統合が政策として決定されることになり、結果的に神戸は置き去りになった。

現実感のない前提条件――445が1000になる

第2フェーズは、示された方針をもとに、具体的な経営統合の形を決定した、つまり政策が具体化されたフェーズということになる。

このフェーズでの大きな課題はなんといっても、第1フェーズで、その後の検討を行う上での前提条件、制約条件が非常に多く決まっていて、それは現実的にほぼムリといっていい内容だった、ということである。正確に言えば、実現は非常に困難なことは多くの人がわかっていたが、ほかに選択肢もなく、実現可能性が0パーセントではないので、やってみるしかなかった、ということになる。

政策決定の場では、専門的な検討と政策的な調整が交互に発生し、「現実的にできるか」という議論と、「政策的に十分効果的か」という議論が煮詰まった最後に、「やらずに否定的なことを言っても仕方がない、とりあえず目標は掲げて試してみる」という結論になることがある。

あえて言えば、445を3回四捨五入したら450→500→1000になった、というような話で、とりあえずと言われてもやりようが思いつかないほどの目標になったりする。

事業価値に見合わない目標

その最たるものが、最終的に1・3兆円の負債完済が見通せる条件で運営権を売却する、という目標だった。

関空会社は、国が3分の2を出資し、9分の2は周辺の自治体が出資し、9分の1は民間企業・個人などが出資する株式会社である。関西国際空港株式会社法により設立された会社であり、会社法に基づいて設立された会社と対比して、特殊会社と分類される。

負債1・3兆円の約3分の1が政府保証債で、約3分の1は自前の社債。約4分の1が政府と自治体からの無利子貸し付けと、金利を低く抑える支援措置がいろいろと講じられている。それに加え、関空会社には政府補給金が毎年90億円支給され、その信用補完によりほぼ国債並みの格付けを維持し、資金調達・経営継続が維持できていた。

売上は約900億円。営業利益が200億円弱、減価償却費が約250億円で、償却前営業利益（EBITDA）が430億円。伊丹の基本施設部分は国の会計に入っているので企業会計は行われていないが、「空港別収支」が推計され、売上が約150億円、営業利益が40億円、減価償却費は20億円で、EBITDAが約60億円。単純に足してEBITDAが

図表2　関空・伊丹経営統合検討時の経営状況

関空会社の損益計算書

(H21年度有価証券報告書)

(単位：100万円)

営業収益	86,471
営業費用	73,900
営業利益	12,571
営業外収益	9,524
(うち政府補給金	9,000)
営業外費用	21,169
(うち支払利息	20,943)
経常利益	925

【2期工事竣工の影響】

営業費用　+2,570

支払利息(建設仮勘定に資産計上)

維持管理費等(建設仮勘定に資産計上)公租公課(新たに発生)など

営業外費用　+3,350

➡

収益が約59億円悪化

伊丹空港の収支

(H19年度空港別収支の試算)

(単位：100万円)

営業収益	14,830
営業費用	11,116
営業利益	3,714
営業外収益	33
営業外費用	0
経常利益	3,747

関空会社の貸借対照表

(H21年度有価証券報告書)

(単位：100万円)

流動資産	21,385	流動負債	166,064
		(うち1年以内償還社債・長期借入金	134,898)
固定資産	1,894,191	固定負債	1,150,220
		負債合計	1,316,284
		資本金	813,820
		利益剰余金	▲214,856
資産合計	1,915,576	**純資産合計**	599,291

490億円（実際には、国が運営する空港別収支には計上されていないが民間企業にかかるコストの分の減額が必要）。

事業価値の簡易推計としては、EBITDA倍率というものが広く使われる。空港事業の売却は日本初だが世界では20年ほど前から行われていて、リーマンショック前の頃には20倍以上の値段がついたこともあるが、リーマンショック後でいうと、平均約12倍だった。それに当てはめると5000億～6000億円くらいの価値ということになる。

つまり、関空会社と伊丹空港の事業価値を足しても、関空の負債を返せる利益の水準ではない。事業価値が負債総額を超えない状況を、一般には「債務超過」と呼ぶ。関空会社は政府補給金の存在を前提としてはじめて市場の理解を得て経営が成り立っているのだから当たり前だが、政府補給金を前提としない事業価値となれば債務超過だった。

さらに検討を進めると、関空会社は未竣工の埋立地を造成中で、あと1メートルほど土地を盛れば竣工する状態であったが、これが竣工すると建設仮勘定に積み上げられている毎年の利払い費が損益計算書に顕在化したり、土地の固定資産税が賦課されたりすることで、毎年の利益を約60億円減少させ、ますます事業価値を下げることもわかった。

では、どうして事業価値の2・5倍にもなる負債完済が見通せる条件で売却する目標が設定されているのか。ありていに言えば、伊丹空港という収益の上がっている事業をつけてあげるのだから、それ以上は国家財政に悪影響を与えずに解決しろ、という話で、それでは実際に買ってくれる人は見込まれるのか、という観点でいえば、それは市場と対話する中でなんとか解決策を見出していこう、ということだ。

民間からすれば、事業価値は将来のキャッシュフローの割り引かれた現在価値の合計という前提があり、適正な事業価値で買い、自助努力で収益改善できた部分は自らの利益となる。

買い手側の事情として、こちらが想定する以上にキャッシュフローを伸ばせる自信があり、戦略的にどうしても買いたければ、他の買い手候補との競争上、増益見込みの一部を買収対価に上乗せすることはあるが、それがすべて理想的に実現できたと仮定しても、事業価値の2・5倍で売却しろというのも結構な目標だ。ある程度自前で事業改革をして、せめて9000億円くらいの価値にはした上で、将来性の示し方と競争環境の醸成で勝負するしかない、という状況だった。

「過去の失敗」を明示できない

ほかに、「過去の政策の失敗を明示的に認める内容にできない」という制約条件もあった。負債完済に見通しをつけるという目標も、それが満たされないと追加的な国家財政負担が生じ、過去の政策の失敗が明確になる、という意味を持つので、同じ問題意識にルーツを発している。民間の再建でも過去の経営責任の明確化は難しいようだが、公共的な主体が関わるとそれに輪をかけて難しくなる。

関空会社は実質的に経営破綻しているので、経営統合を普通に検討すると、いったん事業価値ベースまで簿価を切り下げるしかないのではないか、となる。関空の純資産が約6000億円で、負債が約1・3兆円、関空と伊丹空港を足した事業価値がよくて6000億円くらいなので、株式が100パーセント減資になって、負債が6000億円以上焦げつき、伊丹事業を出資した分で国100パーセント会社になる。このような考え方は、すべての関係者から見て受け入れ不可能だ。

自治体などの関空の既存株主から見れば、政府補給金が入っていれば関空は破綻していないし、そのような減損処理が行われるという説明は事前に聞いていない、将来の成長余地を国だけが享受するのはおかしい、という主張になる。言葉を変えれば、基本的に、国の勝手な都合で自治体などに迷惑をかけるのは絶対にやめてほしい、ということだ。

反論する立場に立てば、政府補給金はもともと国の株主としての責任でも、債権者としての義務でもない政策的な予算で、それが政権の事業仕分けで凍結されたのだから仕方ない、国は伊丹空港という利益事業を新たに出資するので利益を享受する権利があるが、自治体から新規出資は望めない、などとなる。

金融機関の視点は、もう少しややこしい。関空会社はその負債の一部に政府保証がついていることで、それ以外の自社発行の社債についても「財投機関債」という位置づけで認識されており、これがとても奇妙な仕組みになっている。

財投機関債が返済されないリスクがある場合とは、つまり政府保証債の「保証」も発動されているときになるわけだが、「国はその法人を倒産させて実際に保証するのではなく、他の政策的な方法により救済すると期待される」ということで、財投機関債にも「暗黙の政府保証」がある、というのが金融の世界の常識だ。実際、その好例が、関空会社自体に政府補給金が支給されて法人が維持されていることだった。

実際に経営破綻すると、その前提が崩れる。金融機関によれば、一法人の１兆円くらいの負債処理で、金融システムそのものを揺るがすようなことをするのは勘弁してくれ、となる。

これへの反論は、財投機関債には通常時でも政府保証債に多少の利率が上乗せされているし、支払懸念があれば個別法人ごとに利率が上がったり下がったりしており、返ってこない場合があり得るのは折り込んでいるはずだから、万一の場合は仕方ないはずだ、となる。

同様に、政府内でも、政府保証債を実際に発動する、国有財産である関空会社株式を減損するといった大改革に着手するコンセンサスはよほどのことがなければ得られない。

したがって、関係者の合意を得るには、関係者のそれぞれの立場は維持できる範囲内にあって、それでも改革の哲学は通すような、経営統合の形を提案することが必要になる。

「明示的な責任追及」ではない実質的な解決策

特殊事情であったのは、関空会社自体が特殊会社であり、この改革も新たな法律案を立案して実現することが前提となって議論されていたことだ。

新しい会社やコンセッションは、できる限り純粋に民間のビジネスのルールで運営されるべきだし、それが可能となる土壌を作らなければならない。しかし、その過程で通る経営統合は、通常の民間の企業再生や会社更生では処理しきれず、特別な立法に基づく特別な再建と位置づけて、きわめて公共的な手法により軟着陸させる。

新しい法律は、その両者の性質を併せ持ったものにするという割り切りしか選択肢がなかったが、逆に言えばそういう選択肢があったことが幸運だった。

そして、このプロジェクトを成功させるには、「民間のビジネスの知識」と「公共的な解決」の両方を掛け合わせた総合力が要求される。課題を数え上げればきりがないが、組織人として、すでに厳然と存在する課題をどうこう言ったところで課題がなくなるわけではないので、ミッションの実現というゲームを戦う上でのハンデに過ぎないとなる。まぁ、ちょっと重たすぎて今まで持ったことがないだけだ。

以上のようなさまざまな経緯と制約条件を踏まえて検討を進めてきた中で、吸収分割により土地保有会社を残す新関空会社設立案が最良だと考えられた。国の100パーセント出資法人に伊丹空港の事業を現物出資する。そこに、関空会社の事業のうち、土地の保有・管理を除く部分を評価額と同額の負債とセットで（差し引きの事業価値を0にして）吸収分割で統合する。残った関空会社は土地保有会社に変わる。

新関空会社という1つの法人に関空と伊丹の事業・収益を一体化でき、国100パーセント出資法人により責任を持ってコンセッションを行う環境が整えられる。また、負債のうち

図表3　関空・伊丹経営統合の仕組み

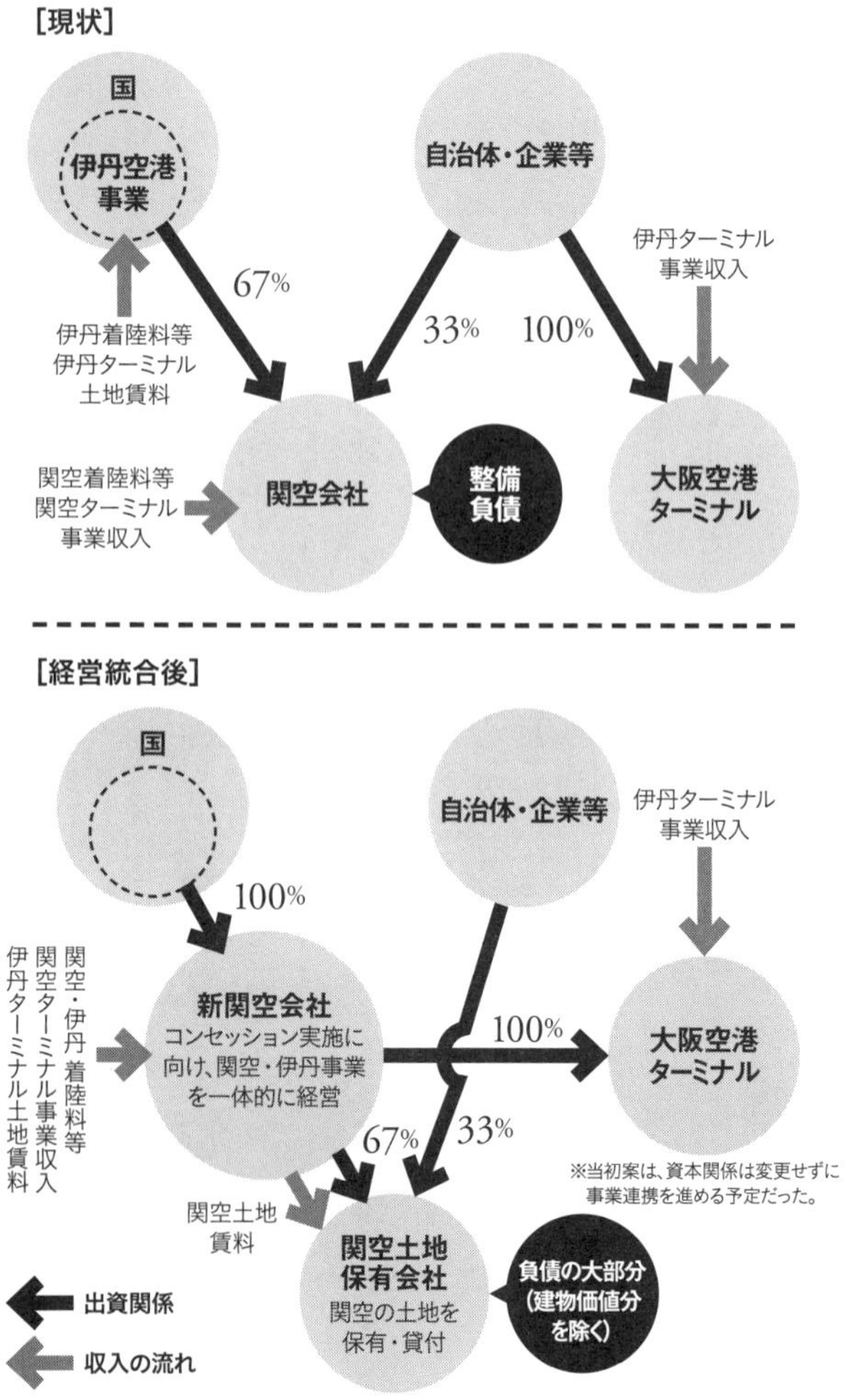

過大となっている部分は既存の関空会社に残り、新関空会社の事業収益で、新たな国による支出を伴わずに長期間をかけて段階的に円滑に返済する。そして、負債返済を確実に行うために、土地保有会社を新関空会社の連結対象の子会社にする。

既存事業・土地・株式の資産評価による減損は、特別な立法の中で回避ができるような仕組みとする。関空の既存株主は、今後の空港運営に直接かかわらない立場になることで、一定の経営責任を明確化した形にもなる。

「地域全体の合意を取れ」の意義

経営統合スキームについて、国交省幹部から受けたほぼ唯一の指示は、「地元の合意をきちんと取りつけてこい」ということだった。株式会社で吸収分割契約を結ぶには、形式的には株主総会で3分の2以上の特別決議が必要だったが、そういうことではなく、「地域全体での議論の総意としての合意を取れ」ということだった。

指示を受けた当初は、地域経済全体に影響を与える大きな決定だが慎重に過ぎないか、そういう姿勢ではかえって反発が収拾できなくなり、政策実現そのものを危うくするのではないか、という不安もあったが、のちに指示の先見の明に深い感銘を受けることになる。

既存株主の代表となる自治体・経済界の参加する意見交換会の場で経営統合案を提示すると、新関空会社の出資主体について、「逆上下分離」との批判が寄せられた。「今こそ中曽根民活で間違った仕組みを修正すべきときであり、土地（下モノ）と負債を国が持ち、地元や民間の出資が入る会社が施設（上モノ）を持って運営するのが正しい上下分離であって、提案されたのは逆だ」というものである。

しかし、負債を国が引き取れというのは国税投入と同義であり、そのような国家財政への依存は将来に向けて望ましくはないと同時に、世論の理解が得られる環境でもなかった。あるべき将来像は死守して、それでも地域合意を取りつけるため、さまざまな調整が行われた。新しい経営主体への出資者を国１００パーセントにするという点は、国の政策として責任を持ってコンセッションを行うという方針の根幹に関わるので、変更はできないが、調整の結果変更されたこともいくつかある。

土地保有会社には、空港全体の経営状況にかかわらず、土地管理に関わる費用に加え、確実に負債が返済される水準の土地貸付料が支払われる仕組みにし、既存株主は空港経営に関与できる立場を放棄する代わりに、負債完済の保証を得ることになった。また、地域と空港運営会社との間で運営のあり方について議論をする協議会も設けることになった。

最終的には、政府内の担当者も、調整相手の多くの担当者も、本プロジェクトを絶対に成功させる必要があるという点は共有して一丸となれたことで、ギリギリの落としどころを見つけていくことができた。

法案が閣議決定され、国会にかかる頃になると、このプロセスを経た意義が証明される。その頃、国会では与野党対立が激化し、さまざまな法案が紛糾していた。本法案は、外資アレルギーと対内直接投資の推進という異なる意見が政治にあって解決していない問題に切り込むということで、成立を不安視する声があったが、結果的には順調に成立に至った。

コンセッションという仕組みが、契約による条件の作り込みが可能で、政治的な論点に対する解決策として成り立っていた、というのは一定程度事実ではあるが、むしろ関西地域の課題に対して地域の合意を得た案件で与野党が対立する論点ではないと理解されたことが、審議が進む上で非常に重要な意味をもたらした。さらに、その後再び自民・公明に政権が交代したあとも方針は維持されていくが、その１つの理由もこの位置づけにある。

法案成立後に、機会をとらえて聞いてみた。「地域合意を指示されたときには、それが本当にマストなのかわからなかったが、振り返れば理解できる。あの段階でどのようにして見通していたのか」と。その返事は以下のようなものだった。

……若かった頃、ある政治的に非常に困難なプロジェクトの立案を任された。いざ苦労して案をまとめると、指示をした上司から「この案は『絵に描いた餅』以下だ」とからかわれた。そして「絵に描いた餅は意味がないことの代名詞だが、まだ『おいしそう』とか『食べたい』とか、見た人の感情に働きかける。この案は政治的に困難な環境の中で省みられることもないので、誰にも読まれず、したがって本当に何の効果もない」と言われた。

描かれた案を実現するのは、案の作成を指示した上司の責任であり、その責任を放棄した発言に非常に不満だった。したがって自分は、本プロジェクトの立案を指示し、それを実現させる責任者として、自分の仕事をしただけだ……。

正義は誰にも、違った形である

だいぶあとになって、大阪府の別の部署の職員の方と話したときに、「あの経営統合の仕組みは、長年関空のために多大な努力をしてきた大阪府にとって、飲み込むのにとても酷な解決策だったろう」と言われたことがあった。

関空の利用促進に主体的に取り組んできたのは大阪府だった。空港は関空会社が整備したが、対岸のりんくうタウンをはじめ、関連する施設整備への多大な投資は、府の公債残高において大きな割合を占める。「全財産と多大な労力をかけて大事に育ててきた娘を、手切れ金を渡すからこれ以上口出しするなと言われたようなもの」とのことだった。

国も多大な投資をつぎ込み、民間の経営者を選んで政府補給金まで出して支援してきた。だから、「大事な娘が恋人と生活を始めたのを見守っていこうと思ったら、仕送りが必要という話になり、ついに『仕送りが足りないから増額しろ、でも生活には口出しするな』と言いはじめたので、『一度実家に帰って出直せ』と言わざるを得なくなったのでしょうね。いずれ結婚して幸せになるのを見守りましょう」と答えた。

皆が「大事に育ててきた娘」には、他に悪い要素があったのか、それともなかったのか。関空に関わってきたそれぞれの主体に思い入れがあり、どの主張が正しいということも正しくないということもない。

過去を振り返って責任を突き詰めたところで現状が改善するわけでもないから、将来に向かって正しいと思うことをやり続けていくしかない。

１００パーセントの説明責任、１００パーセントのリスクフリー

調和的な解決の重要性と表裏一体になっているので仕方ない面があるのは理解した上で

も、やはり政策の提案側に課せられる説明責任は過重であると考えている。

当時、「コンセッションが必ず実現でき、必ず空港運営がよくなると証明してもらえないと、賛否が判断できない」という主張があった。コンセッションしないかもしれないなら、経営統合で既存株主から無理に経営権を取り上げる必要はないのでは、となるからだ。

その背景として、公共法人である関空会社には税制特例や負債金利の低減策など、さまざまな負担軽減措置が図られていたが、純粋な民間企業であるコンセッション事業者には適用されないだろうから、税負担分だけ収益性が低下し、公共法人のままのほうが負債の返済が進むのではないか、という認識を持っている主体が多かったこともある。

これは、「民間運営にすることで税負担をはるかに超える収益改善が行われると信じるか、懐疑的か」ということだが、結果を事前に100パーセント証明するのは難しい。

公共的な政策調整をしていると、こういうことが頻繁にあるのだが、あまり健全でないと思うのは、「賛否が判断できない」のは、経済的・論理的な裏打ちがある対案が念頭にあって迷っているわけではないことだ。単に「判断に必要な情報は提案者が全部責任持って示せ」と要求しているのに等しい。

政策に合意を取りつけるためには、100パーセントの説明責任が提案者に求められ、それが行きすぎた結果、提案者以外の関係者は、結果を見てから賛同者にも被害者にも好きなほうに振る舞える権利を留保しているかのような状況になる。

よく似た事象として、まったく論理的でない「対案らしきもの」を思いつきに近い状態であっても言って構わなくて、原案の提案者は、なぜその「対案らしきもの」が実現できないのかを100パーセント反証してあげなくてはいけない、ということもある。

たとえば、「負債完済の条件でコンセッションなどできないのではないか、そのような成否が不透明な仕組みではなく、株式上場すればいいではないか」という議論が頻繁にあった。これは論理的には対案として成立しない。

負債完済の条件でコンセッションができないというのは、「約50年の事業価値が負債総額に届かない」ということを意味する。株式価値は、将来の事業価値から負債総額を引いた残りである。約50年の事業価値と将来の会社の事業価値は、ファイナンス理論上ほとんど差がない。約50年の事業価値が負債総額に届かないなら、将来の事業価値も負債総額を超えず、株式価値0である。したがってコンセッションができないなら株式上場はできない。

コンセッションの実現可能性は、さまざまな議論・調整の結果、財務状況の想定にさまざまな仮定を置き、将来の成長見通し分の価値の一部が公共側に還元される環境が整備できれば、実現可能な水準にあるというシミュレーションを提示して関係者の納得を得て決着した。

「結果が保証されないシミュレーションだからおかしい」というような批判報道も一部あったが、想定上の水準感には関係者が納得できて、「結果は保証できなくても、荒唐無稽なプランでもない。だから国がやろうという施策の可能性に乗ろう」という形での合意形成ができたことは、とても重要な意味があったと考えている。自治体や他の関係主体の担当者が、本件の趣旨に協力して内部での議論を通してくれた結果である。

成功を目指して全力で努力することはできても、結果を100パーセント保証するのは不可能だ。新たな取り組みで前例もなければなおさらだ。社会環境が刻々と変化する中で適切な改革を進めるには、100パーセントのリスクフリーを求めるのではなく、痛みもリスクも含めて結果の不確実な政策を許容できる社会に変えることが必要ではないだろうか。

骨抜きになるのを防ぐ——実施段階ほど抵抗勢力は勢いを増す

第3フェーズは、決定された具体的な形をもとに、実際に詳細の詰めを行って会社を設立して経営統合を行った、つまり政策を実現したフェーズである。

検討は詳細化されていくほど課題は新しく出てくるし、その中には大きな方針と合わないものも多数含まれてくる。このフェーズでの課題の1つは、「総論賛成、各論反対」に近い数々の意見・要望と、どう折り合いをつけ、骨抜きになるのを防ぐかである。

関係者との調整も、それまでは大枠の議論にとどまり、詳細検討の段階で最終的に決着すべき論点が多数残っているのが普通である。これらには、根本的な考え方が異なるから論点になっている、というものも多く、「大枠の合意の中での工夫」から話がどんどん拡散し、結局調整をやり直しているのに近いような議論に戻らなければならないことも頻発する。

それとは別に、「本音は改革に反対」という人たちは、案件そのものが大きな世の中の関心を惹いている段階では静かにしているが、実務の議論が始まると急に動きだし、何かと論点を見つけて「例外」「方針変更」「柔軟運用」といった提案を寄せてくる。

なお、関空・伊丹経営統合ではこの段階で体制が強化されたが、一般的な公共政策では、この「実現段階」で政策を推進している側の人間が次第に減っていく、ということがよくある。新しい課題はほかにもいっぱいあり、大きな方針が決まったなら最低限の人数だけ残してほかの担当に充てたい、というのが理由だが、残された担当者は、サポートしてくれる仲間は減り、抵抗勢力が強まるという厳しい局面を迎える。

国は、新しい政策の企画ばかりは優秀な人材を集めて行うが、その政策の実施の段階になるときちんとした体制で行わないので、結果的にいい政策効果をもたらすことができない、というような批判があるが、これは否定できない面がある。

「ファインチューニング」という名の二律背反

関係者との調整の積み残しは、「総論賛成、各論反対」になりがちである。新しい経営の仕組みにすることは構わないが、「ファインチューニング」、つまり現状のいい面は残してほしい、新しくするのに併せてもっとよくできることがあるのではないか、という提案で、一見、正しそうに見える。ところが、よく考えると根本的な意見や理解の相違をベースにした提案なので、総論そのものと矛盾していて両立が困難という感じだ。

たとえば、「地域との協力関係の維持が大事」というものがあった。公共インフラは地域経済と密接に関係するので、その点には異論がない。ところが、どういった形で具体化するかという話になると、「だから国が株主で役員だけ民間の今の体制の延長でいい」「コンセッションまでする必要はないのでは」「新しく作り上げる民間主体の側に義務や責務をあれこれ課してほしい」というような要望になり、民営化の大方針と反してしまう。

ほかにも、「利用料増額は望ましくない」という主張もあった。理論的に、公共インフラには地域独占性があり、経済学の教科書によれば独占企業が利益至上主義に陥ると、需要を落としても価格を高騰させると利益が最大化できるので、その防止が必要なのは異論がない。だが、料金設定は経営判断の根幹であり、それを地域の要望で過剰に制約した場合、「経営の自由がない代わりに政策的な支援を」といった甘えにつながる。

突き詰めて考えると、こちらは空港運営の民営化が大きな方針で、それが損なわれない範囲で調整しようとしているのに対し、あちらは民営化そのものに不安や懸念があり、民営化の程度をどのくらい薄めれば安心できるかを提案している、という構図になるので、結局、方針はなんなのか、ということにさかのぼって議論する必要が生じることになる。

「改革は当座しのぎ」と本気で考える人々が多数いた

改革努力は、既存の経営枠組みを維持しようとする考えとぶつかり、主導権争いに発展する。これらは議論や調整というより、打ち立てた方針を半ば無視するという対応になる。

当時、「事実上既存の関空会社への吸収になり、経営体制も維持される」「コンセッションは当座の社会の関心をそらす方便。実際には実施しない」などの噂が次々に湧いた。

後日談になるが、当時、証券会社で関空会社のアドバイザーを務めた人が、後に国会議員となり、ある会議の席上でコンセッションへの取り組みを説明した国交省幹部に対し、「当時の関空会社幹部から、『コンセッションは世間の批判をそらす見せかけで、実際には実施しないので、その前提で検討すればいい』と指示されたが、本当に実施する方針に変更したのか？」と質問をしたのをきっかけに国交省内でちょっとした騒ぎになり、「そんなけしからん人間はもう辞めたのか、それとも新関空会社で今も影響力を行使しているのか」と犯人探しが始まったことがあった。

筆者にも問い合せがあり、「当時はそんな人は何人もいて、去った方も残った方も多数おられるので、特定するのもバカバカしいレベルですよ」と答えた記憶がある。

ほかにも、新関空会社経営戦略室に着任した私のもとへ、コンセッションをやらなくてもいい理由を書き並べた書類を持って来た金融機関もあった。

「関空会社様とこれまで議論してきた内容を踏まえ、弊行の考察をまとめました」から始まった説明を一通りお聞きした上で、「真面目にコンセッションの実現を目指します」と応えたらまずはポカンとした顔をして、失点を取り戻そうとするかのような小話を2～3分し、すぐに帰っていかれた。それほど「当座しのぎでいい」という考え方は浸透していた。

仕事はなくてもポストは必要

それなりの大組織になると、せっかくの高い能力を、改革に反対するもっともらしい理由を考えることにばかり注いでいる人が現れる。彼らの本当に言いたいことは正面から主張されることは少なく、なんだかんだ言ってくることをまとめて眺めると、その目的がわかる。

現関空会社から吸収分割契約で事業を移転したあとに残る土地保有会社のあり方については議論すべき課題が多かった。土木工事をはじめとする投資に規律が働いていないことが関空会社の大きな問題点と認識されていたことから、経営責任の曖昧な投資が繰り返されない仕組みにすることは非常に重要なポイントだった。

既存株主との調整で、土地の管理費を支出した上で、負債完済にちょうど足りる土地の貸付料を、将来の金利変動に応じて毎年調整して支払うという仕組みを取ることになったが、管理費が全額支払われるから安易に投資する、というようなモラルハザードは防止する必要があり、実際の業務はすべて新関空会社に委託し、必要な投資を事実上判断することとした。

その結果、土地保有会社はあらゆるリスクから切り離され、長期間かけた円滑な負債完済を見守る機能になるので、職員もすべて新関空会社職員の兼務とし、専従職員を置かない方針を打ち出した。既存株主からは、リスクが転嫁されていないことが確認されると、ムダなコストをかけても仕方ないということで理解が得られた。

ところが現場から、「利益相反取引になるからできない」といった意見が出されてくる。アドバイザーを含めて検討して、そんなに大きな問題ではないと結論づけたので回答を返す。すると今度は「事業法の規制があってできない」とまた別の理由を言ってくる。

それを繰り返していると、結局、土地保有会社にポストを確保したい事情ありきで主張しているとしか考えられなくなる。組織的にそういう指示が出ている形跡もなく、単に職員がよかれと思って個人の判断で動いているだけだったりする。

そもそも土地保有会社は、長期間にわたり新たな価値を生み出す役割がないので、専従で仕事をしていても個人の成長につながらず、そのような人員を置くのは指名される職員にとって不幸だ。そのようなポストを獲得しても、組織にとってプラスにならない。

株式買取請求の正当性

「骨抜き」とはちょっと性質が異なるが、経営統合の仕組みをまとめる上で、最も困難だったのは、資産評価とその背景にある株式買取請求への対応方針の策定だった。

経営統合の仕組みは、特別な再建スキームにより、株式の毀損につながるような評価を実施せずに、長期間かけて再建する形を整えるというものであった。どうしたら株式の毀損につながらない、必要な部分だけの評価をできるか、という整理も大変だったが、何よりそのような仕組みになっていることを理由に、逆に株式に一定の価値があるのではないか、という主張が認められて資金が過剰に流出しては本末転倒ということがあった。

最終的には裁判所の判断になるので、訴訟に備えるという意味にとどまるものだが、できる限りの頭の整理はしつつ、並行して、関空会社が中心となり、経営統合の趣旨への理解を広め、株式買取請求を最小化する努力も継続した。結果的に、買取請求は個人２名と、破綻企業の管財人２名になった。個人を全員説得するのは難しかったし、管財人はその職務として資産を金銭化できる機会があれば挑戦せざるを得ないだろうから、ほぼ満点の出来と言えた。

問題は訴訟の結果である。経営統合の仕組みの中に、国が新関空会社に関空会社株式を現物出資するというプロセスがあり、もともと国有財産台帳に記載されていた簿価３万7219円のまま新関空会社のバランスシートに移して計上されていた。これは、会計上認められている「共通支配下関係の取引の会計上の取扱い」というものを準用したもので特別な処理ではなく、「単に簿価を引き継いだので当然時価ではない」というのがこちらの整理だった。

ところが高裁で、この簿価が取引事例の前例として認められ、それを基準に買取価格が認定されるという事態が発生した。裁判所が選定した参考人の出した鑑定がそのまま使われたのだが、簿価が時価だなどというのは株式評価の実務をまったく無視した時代遅れの考えだ。新関空会社が出した特別抗告が認められて最高裁にもかかったが、ほどなくして、高裁の認定は「結果において妥当」と却下され、確定してしまった。

アドバイザーの弁護士も評価会社も憤っていたが、「結果において妥当」という評価がつくのは珍しいとのことで、評価方法そのものが認定されたわけではないという点に慰めを求めていた。

知り合いの別の弁護士は、「裁判所に、争いの時点での客観的な価値を評価する力がないのは恥ずべき状況だが、その後の新関空会社の経営努力によりすべてがいい方向に進んでいて、事業価値が上がっていることが結果に影響を与えたということだろうから、全体の成功が生んだマイナーなコストと割り切るしかない」と解説してくれた。

それらを踏まえても、新関空会社は、負債が完済できる条件で運営権が売却できるかどうかギリギリのせめぎ合いをしているのであって、株式に３万８０００円などの価値は現段階でも断じてない。この決定には、少数株主は簿価で出資を引き上げられるという的外れな前例ができてしまったという以上の意味はなく、同時に、経済的な問題に対する日本の裁判所の正当な評価能力の限界を示す。今後の株式評価実務に悪影響を与える可能性も危惧され、近いうちにこのような判断が改まることを心から望んでいる。

「嘘」を清算する覚悟と勇気とタイミング

もう１つの大きな課題は、自分が担当する以前から存在する「嘘」を、どう清算し、新しい信頼関係を構築するか、ということだ。

経営統合を実現し、その後のコンセッションを進めるには、税制の特別措置の再構築など、関係者の協力が不可欠だったが、彼らは、これまでの関空会社による小手先のその場しのぎに煮え湯を飲まされてきた経験から、非常に懐疑的な対応をすることが想定された。

国民に義務を課したり、その一部を減免したりするのは国会の権限で、税制改正は政権与党が議論する場を中心に、複雑な仕組みになっている。政府内では、各省庁の担当部局から必要な税制を財務省主税局に提案して議論を進めておくというプロセスがある。税制に関しては、その位置づけもあり、政策的な必要性や透明性・公平性についての議論が、（体感的には）政府予算より一層厳しく行われる。

関空会社の子会社である関空用地造成による用地造成は、土地の取得登記を行った際にかかる登録免許税が減免されていた。もう何年も前からあと1メートル土を盛れば竣工する状態だったが、竣工させたところでキャッシュを生まず、逆に固定資産税が課されるようになって経営を圧迫するなどするので工事を中断し、その後はなんだかんだ理由をつけて進めずにきた。

税制当局からは、「事実上適用対象が1社の税制は公平性の観点から疑問だし、造成事業を凍結したら適用事例もない。使われないなら特例は廃止すべきだ」という厳しい指摘を受け、「土地取得の登記はしない代わりに、竣工して関空用地造成が取得し、関空会社に賃貸している別の土地の賃借権登記を行うので引き続き特例が必要だ」という説明をして、維持してきた経緯があった。

賃貸している土地は主に滑走路や誘導路に使われ、そんな場所の賃借権を主張する主体がほかに現れるはずがなく、登記費用を支出する経済合理性がまったくないので登記は行われなかった。特例は2年間限定で認められていて、2年経って再度同じ議論をしなければいけなくなると、嘘に嘘を重ねる説明をするしかなくなっていた。

あとになって、最初にその説明をした当時の担当者と話をした際、「関空会社は現に賃借権登記をする予定だという説明を受けて主税局にそう説明した。登記されずにあとになって問題になったなんて思っていなかった」と言っていた。誰かが最初から嘘をついたのか、本当だと思って進めたことが実現できなかったのか、真相はよくわからない。

目の前には自分の組織の過去の説明が現在は嘘だという事実以外になく、嘘だとわかって過去の説明を繰り返すのではなく、「まったく新しい会社に作り替える努力しているのだから、膿はできるだけ全部出そう」ということで、嘘の清算にトライすることになった。

はたして税制当局のヒアリングの場になって、経営統合の取り組みの考え方や負債完済が見込める条件でのコンセッションに向けた困難な状況、経営統合に合わせて関空用地造成は清算する予定で、その前に土地は竣工させるので、税制からも引き続き支援をしてもらいたいことなどを淡々と説明すると、当然予想された質問が飛んできた。

「土地の賃借権登記を行うという昨年までの説明はどうなったのか？」

それに対して「賃借権登記はしません」と答えると、「昨年までの説明は嘘になったことを認めるのか？」と問われたので、「認めます」と言うと、一瞬「えっ⁉」とつぶやいたあとしばらく間が空き、「こちらも、合理的ではないと思いつつも最後は引き取って、内部で説明して了承を得るのに苦労したんですよ?」と言われたのが印象的だった。

ご厄介をおかけしたことについてお詫びした上で、「今度こそいい会社に生まれ変わらせますから、最後にもう一度だけお付き合いください」と返事した。

それはそれ、これはこれ、ということでその後の税制の必要性の議論では厳しい追及を受けたが、最終的には理解を得ることができたし、今から振り返って、その背景として、そういったやり取りを通して少しは信頼関係が再構築できていたことに意義があったと思う。

ベストを尽くしたかは、自分の良心にしか問われない

関空会社には整備準備金制度という法人税の特例措置が当初から講じられていた。整備スキームは資本30パーセント、負債70パーセントでの資金調達を前提とし、それには土地の造成が含まれていた。

埋立地という特性を踏まえ、将来にわたり追加的な投資が生じるので、毎年の利益の一部を準備金として積み立て、損金算入できる(税が軽減される)という仕組みである。本質は、負債返済に際し、償却資産であれば減価償却費で課税されずキャッシュが生まれるとこ

ろ、土地は非償却資産（減価償却できない）だが、準備金にはそれを一部補う効果がある。

実際、埋め立て地は沈下に悩まされ、地下水への海水の浸透を防ぐための止水壁を埋立地全体の地下に設置する必要が生じたり、追加投資は生じたが、いかんせん赤字で、政府補給金の支給が始まったあとでも過去の繰越欠損金を一度も解消していない状態だったので、準備金は一度も積み立てていなかった。

ついに準備金制度が使われるときは来たが、新しい課題があった。会社が、新関空会社に承継される部分と土地保有会社に残る部分に分かれると、土地保有会社は土地貸付料を受け取って大幅な黒字になる一方で、支払う新関空会社側は数年間は単独赤字になると想定された。土地貸付料による利益が課税され負債返済にあたらないと完済がますます困難になるので、新関空会社の損失も土地保有会社の所得から差し引けないか、という論点があった。

これまた、過去の遺産のような税制を現在の厳しい財政状態で復活させる政策的意義や、連結納税は100パーセント子会社間に限ることになっていて例外を認められない、という厳しい議論があったが、最終的に土地保有会社単体での益金の計算の際に、新関空会社単体の損益を加算できるという仕組みが導入され、納得できる形で決着できた。

ところが、新関空会社が自ら経営改善に取り組んだところ、初年度から単体黒字を計上できてしまい、かえって土地保有会社に加算される分で税金を二重払いしているような結果になってしまった。「想定外に利益が上がったのは嬉しい誤算」と理解することにしたが、一番苦労して導入した仕組みが、結果的には無用になってしまった。

誠意を尽くして議論を進め、関係者の理解を得ていく中で、本当に使う仕組みを構築し、1つひとつ課題を解決していけば、最終的には納得のいく形ができる。たびたび目撃するが、説明困難な現状を突破しないと何かが実現できないとき、小手先のごまかしで逃れようという人はいるし、それで仕方ないかという雰囲気も生まれる。それは、本当に仕方ない場合もあるだろうが、たいていは単なる思考停止だ。

残念なことに、努力の有無が結果の良し悪しとは関係ないことがある。嘘で塗り固めた説明で税制が維持されてきたから、それを財源として、厳しい財政状況の中で新しい税制が構築できたのは事実だし、関空の2本目の滑走路への投資は、負債を返済できない規模に膨らませるきっかけになった面と、その後のLCC誘致などのベースとなる関空のポテンシャルを高めた面が両方あるのも事実だ。将来のことを完全には予測できないから、必死になって構築した準備金制度が、初年度から無意味になってしまったのも事実だ。

後になってどうしてそんな決断をしたのか問うても、たいていは「そのときの状況とわかっていた範囲内ではそれが最良と判断した」としか返ってこないし、当時本当にベストを尽くしたのか思考停止に陥ったのかを証明する方法はないし、証明したところで意味もない。

将来、筆者自身が問われても同じようにしか答えようがないと思うし、それで将来の担当者に責められるわけでもない。責められるとすれば、「本当にベストを尽くしたか。見落としはなかったか」という自分の良心だけだ。それに恥じないよう、経緯と現状を直視し、将来に向けてベストだと思う解決策を示すのに最大限の知恵を絞ろう。

「同床異夢がコンセンサス」という綱渡りの調整

公共的な政策調整は、長い経緯の中でそれぞれ譲れないものを積み重ねてきた者同士がぶつかり合うので、正攻法ではどうやってもわかり合えないこともある。その中でなんとか道を切り開こうとした場合、「同床異夢がコンセンサス」という綱渡りのような解決法もある。

経営統合の直前に、国では、新関空会社が関空・伊丹両空港を運営する上での、国土交通大臣の基本方針を定める作業が行われていた。経営統合の仕組みの中で、基本方針の策定の際に国は自治体等の参加する協議会の意見を聴くことになっており、この協議会の場は、経営統合に関してこれまで行われてきた地域調整の議論を最後に取りまとめる場となった。

基本方針について最も関係者の議論が白熱したのは、伊丹空港の運用問題である。伊丹空港の周辺では活用拡大に対する希望が強かったが、関空の周辺では慎重であった。将来の伊丹廃港についてすぐにでも政治的な議論を始めるべきだ、という意見もあった。マスコミは関係者のちょっとした発言をとらえて「交渉決裂か」などと書き立てていた。

解決の糸口になったのは、「民間の経営判断に任せる」という考え方に関係者が合意できたことだ。伊丹周辺には、民間に任せれば便利な伊丹を有効に使うように決まっていて、政策的に関空を優遇しているのが問題だという不信感があり、一方で関空周辺には、民間に任せれば拡大余地の乏しい伊丹より、圧倒的なポテンシャルを持つ関空の重要性を尊重するだろうという思いがあった。廃港についても、民間の経営判断に任せればするはずがないという思いと、収益性が損なわれればするはずだという思いがあった。

さまざまな議論の結果、当面の活用について民間（新関空会社）の意見を尊重しようという雰囲気ができた。そして新関空会社が、「関空の機能を阻害しない範囲内で伊丹を活用したい」と意見を述べたことにより、関空の国内線との必要な調整を図りつつ、伊丹空港は総枠1日370回（185便）のうち、プロペラ機の使用に限定されてきた170回（85便）を、段階的に低騒音のジェット機でも使用可能とすることになった。結果的に、地域合意の上で、関空を毀損せずに、伊丹空港は10年ぶりに利用拡大が図られた。

もちろん、こういう不安定なコンセンサスは、最終的な結論を見てから後出しで合意が壊れて混乱するリスクもあるので、関係者の誰が見ても、「ちょっと気に入らない部分もあるけど、総合的には満足のいく内容ではある」という解決策が別途必要である。しかし、半ば同床異夢の状態で進んできた議論の結果として、針の穴に糸を通すような調整に、関係者がぎりぎり満足できる形での決着がついたことになる。

地方創生が本当に必要な理由

明暗が分かれたのが神戸空港で、もともと基本方針の対象外ではあるが、関西全体としてどうするのか併せて議論するべきではないか、という考え方もあった。関空を棄損せずに伊丹を活用できるなら、同じ範囲で神戸も活用できるのではないか、ということだ。大前提は、神戸空港がいずれは一体的に運用されるなら、ということであった。

しかし神戸市は最後まで、「運用緩和の保証」を民営化し一体運用する条件としてこだわり続け、結局、規制改革要望の地域会議で松井一郎大阪府知事と井戸敏三兵庫県知事が公然と言い争う事態にまで発展して地域合意が得られず、一連の改革の動きからまたも取り残された。過去の経緯を軽視したのか、立地的な魅力への過信があったのかはわからない。

これらの一連のプロセスを通して感じたのは、地方の企画・調整能力に対する懸念だ。関西3空港の問題は、地域の合意をもとに国の政策を決定するとされているが、実際の調整は、各自治体や関係者はそれぞれの要望を国に向かって言い、国が全部まとめるという流れで進み、地域の関係者が横の調整を図ることがほとんどない。その上で、自分たちの要望が通らないのは国の意識が低いからだ、などと批判していた。

昨今の地方創生の流れでは、地方への人材供給を増やして活性化するということが行われているが、これは本当に必要なことだと思う。戦後70年を迎えて成熟しきった日本において、何か新しいことをやろうと思えばほぼ100パーセント、既存の何かに悪影響があり、単に理想を掲げるだけではなく、現実に合うように調整して実現までこぎ着けることが必要である。

痛みも飲み込んだ解決策を示せる人材を地方に行きわたらせ、草の根的に新たな成長のあり方を模索する動きを広めることが、この国の将来の成長のために避けて通れないと思う。

改革を実現するのは担当者の熱意

２０１４年7月、関空・伊丹経営統合準備室ができてから約2年を費やし、経営統合が実現した。振り返って思うのは、属人的な知識・能力・改革意欲の結集でしか改革は成し遂げられないということだ。

経営統合の検討チームは、主戦場となる公共のルールをよくわかっていたし、民間運営の必要性、メリットが共有できていた。そして限られた時間の中で結果オリエンテッドに課題を解決していく生産性の高い議論ができた。何よりもプロジェクトの必要性、将来的価値を信じて軋轢の中を推し進める熱意に溢れ、困難な状況でも、それは折れることがなかった。

検討を支えてくれたのは、毎週1回開催したアドバイザー全体との定例ミーティングである。毎回、残った課題を確認し、検討の進捗状況を確認し、必要な方向性の修正などを行い、政府内調整も各アドバイザーの検討もそれぞれ大量の宿題を持ち帰って終わる、というプロセスを繰り返した。

私はそれまで、この手のアドバイザリーは、タコツボ的な専門知見を披露して終わりというパフォーマンスに終始しがちで、会計士は会計、弁護士は法律の観点からしかコメントせず、全体のバランスを取った意見はもらえないという印象を持っていたが、密にアドバイザー内のミーティングも実施し、全体を俯瞰した上での提案を毎度責任持って出してくれ、そのおかげで、政府内の考え方や事情とすり合わせる作業が効率的に進められた。

プロジェクトマネージャーは、プロフェッショナルとして本当にパワフルかつスピード感を持ってプロジェクトを進めてくれた。あまりのタスクの重さからか、定例ミーティングが終わって各アドバイザーに作業を依頼したあとの夜は、どこでリフレッシュしているのか所在不明になるのが毎週で、たまたまその日に解決しなければならない緊急事態が発生したときに連絡がつかなくて困った、ということがあったのはご愛嬌だが、あの猛烈なサポートがなければ、到底期限内に作業を終わらせることはできなかった。

そして、侃々諤々の議論を通して最終的には案を理解してくれた関係先の担当者たちとも、立案・調整の各段階で信頼関係が構築され、陰に陽に支援をしてもらったし、それがなければ、ここまでたどり着くことはできなかった。

第5章

自分でできる改革は自分でやる

空港の課題解決

自前での経営改革

２０１２年７月に経営統合が実現してから16年４月に関西エアポートによる純粋民間企業による空港運営が開始するまでの３年９カ月間、新関空会社が行ったのは、大きく「自ら経営を改革して事業価値を高める努力」と「コンセッション（運営権の設定）の実現に向けた検討・調整」の２つである。

経営統合の期間も、大きく３つのフェーズに分けることができる。

第４フェーズは12年７月から概ね13年６月まで。コンセッションに向けた検討はそこまで本格化しておらず、経営戦略、中期経営計画を策定し、自前での経営改革に注力していた。また大阪国際空港ターミナルの完全買収の調整を進め、経営統合の段階では完結しなかった経営の形を整えていた時期でもある。

第５フェーズは13年７月から15年５月。政府内でのコンセッションの検討が本格化し、民間の投資家候補とのコミュニケーションも通じて妥協点を探りつつ仕組みが設計された。実施方針、募集要項などが示され、プレ競争的対話等が行われた結果、第一次選定を通過したのは、オリックス、ヴァンシ・エアポートコンソーシアムの１者のみになった。

第6フェーズは15年6月から16年3月。オリックス、ヴァンシ・エアポートコンソーシアム1者との間で競争的対話が行われ、第二次審査を経て優先交渉権者となり、コンソーシアムが設立した関西エアポートとの間で実施契約が締結され、事業の引き継ぎが行われた。

本章では、第4フェーズの時期を中心に、新関空会社の経営戦略・中期経営計画の策定とそれに伴う経営改革、大阪国際空港ターミナルの買収の検討の過程を振り返る。

「素人的な改革案」への疑念を超える

12年4月に新関空会社が設置され、経営統合に向けた準備が慌ただしく進められていったが、新たな経営戦略の策定は、そのような事務手続きと並行して着手された。株主である国との間では、意欲的な3カ年の経営戦略を3カ月程度で策定し、さらに詳細の数値に落とした経営計画を6カ月程度で策定することとなっていた。

新関空会社と関空会社との経営戦略の策定の議論で、最初に始まったのは主導権争いだった。

空港運営のノウハウを知り、スタッフを抱えている関空会社は、自らが作った経営戦略を追認してくれればいいのではないか、と主張する。新関空会社から見れば、コンセッション実現が見通せる高い水準の成長を目指す計画が不可欠であったし、そのためには新しい会社でさまざまなことが変わるときちんと示す必要があった。

そもそも関空会社は株主である国から信用されておらず、既存路線の延長上にある戦略を立てられる環境ではなかったし、それを除いても提案された経営戦略案は追認できるレベルではないということで、新関空会社がリードする形で議論が進められた。他方、関空会社からは、現実の事業も知らない人たちが偉そうに主張している、という反発が起きていた。

このような反発が関空会社の役員クラスから起こるのは想像に難くないとして、社員からも懐疑的な目を向けられることが多かった。その理由の1つには、関空会社を取り巻いてきた過去の経緯もあった。

関空会社の経営が苦境に陥り、政府補給金を支給されるようになった頃から、株主の国が、外部の民間人を役員に任命してきたが、日本国内に民間の空港運営会社はなく、新任役員には（少なくとも着任した時点では）空港運営に関して専門性はない。

新しい役員は「素人的な改革案」を謳い、しかもなぜか毎回似たり寄ったりの内容になる傾向があるらしく、料金を下げろ、店舗運営時間を長くしろ、エグゼクティブ顧客向けのサービスを強化しろ、保育所を整備しろ、といったことが何回も社内で検討され、それぞれの課題との関係である程度の水準にとどまるとか、実現できないとかいう状況になっていた。

そのため社員の中には、「素人的な改革案」への対応の繰り返しに飽き飽きしている面があり、しばらくしてそれらの役員が空港運営についてのさまざまな知識を養うと、ようやく本当に実効性のある議論が始まるから、その前の段階では新しいことを決めないでくれたほうが、後で軌道修正する手間が少ないのでいい、と考える風潮もあった。

そして実際に、新関空会社主導で行われた経営戦略の議論には、後で軌道修正しないといけない「素人的な改革案」が出てきてしまっていたのも事実だ。「その案は前の社長のときも、その前の社長のときも、いったん出たけど、結局課題が大きすぎてやらなかったんですよ。今回もやらないんじゃないですか？」という嫌味も、何度も聞くことになった。

それぞれの事情や思惑があり、お世辞にも協力的とは言い難い雰囲気ではあったが、いずれ3カ月後には全メンバーが1つの社内に集合する予定でもあり、締切りまでに結論を出さないといけない中で進んでいる話でもあるので、なんとか議論は進み、7月1日に新関空会社の下に経営統合が実現して2週間後、「中期経営戦略」が発表された。

「空を変える。日本が変わる」と銘打ったその戦略では、3年間で両空港合わせて発着回数を30万回、旅客数を３４００万人、貨物量を１００万トン、売上高を１５００億円と、いずれも約30パーセントアップさせるという意欲的な目標を打ち出した。

空港経営にあたってのビジョンとしても、交通の拠点である空港の改革を都市間競争の重要な要素と位置づけ、それまでの公共インフラの世界によくある整備原価を回収する視点だけの価格設定から、利用者目線で提供するサービスの質に見合う料金にしていく方針や、空港ビジネスモデルの発信などを盛り込んだ。

そして、3カ月後に中期経営計画を策定するべく、さまざまな社内の検討ワーキンググループが立ち上がった。中期経営計画の最終年度の利益目標は、中期経営戦略の段階では調整がつかず持ち越しになり、最後まで揉めに揉めたが、EBITDA605億円ということに決まった。

外交問題、疫病、災害、テロ、恐慌……空港運営とリスク

目標が決まり、発表の準備をしている間に、運の悪いことに尖閣諸島の国有化が外交問題に発展、日中関係が急激に冷え込んだ。それにより、中国便を中心として便の運休や減便、ツアーのキャンセルなどが発生し、足元の数字が大幅に落ち込んだ。航空需要の3割を中国路線に依存している関空への影響はかなり大きかった。

すると、中期経営計画の目標が高すぎるという意見がまた盛り返してきた。しかし、いずれ事態が収束すれば需要は戻るはず、ということで、３年後の目標自体は据え置き、影響が不可避な初年度目標だけ切り下げることになった。それにより、３年間の段階的な成長を描くはずだった中期経営計画が、後半急に増収増益を実現するような計画になってしまい、いかにも利益目標ありきでムリヤリ数字を作ったような見かけにはなってしまった。

そして、10月に中期経営計画が発表された。

ちなみに空港については、よく世界の経済や自然災害、疫病といったものに大きな影響を受ける印象を持たれている。イメージを聞くと、年間収入が何割落ちるとかいう規模を言われることが多い。実際には、よほどの状況であっても旅客は突然ゼロにはならないので、空港会社の収入ベースで見た減収は、それほど極端な数字にはならない。エアラインもさまざまな人的・物的コストをかけて路線を飛ばしており、ある程度は便数を維持しながら事態の収束を待ってくれるので、それがバッファになることもある。

単発の出来事であれば、世界が震撼するような最大級のものでも、年間収入の７パーセント程度だ。関空会社がこれまでに経験した最大のものは、リーマンショックの影響が残っている中に東日本大震災が起こった２０１０年度で、約10パーセント程度の減収だった。

もちろん装置産業なので、収入が落ちたからといって費用も一緒に落ちるわけではないから、それだけ収入が落ちれば収益性に大きな影響を受けることにはなるが、突然経営破綻するダメージかといえばそうではなく、ある程度マネージ可能な程度である。

さらにいえば、経営への影響にも種類があって、地震・火山噴火などの自然災害やSARS・新型インフルエンザといった疫病の流行の際には、突然需要が大幅に落ち込んで、半年程度で戻ってくる傾向があり、どちらかといえば目の前の環境を耐えればいい。しかし、米同時多発テロ（9・11）やリーマンショックといった経済の収縮につながる事件の際には、じわじわ減少していって長期間続く傾向があり、いつになったら好転するか見当がつかないので、特に注意が必要だ。

中途半端なバランスを取るのが一番難しい

このフェーズの検討のすべてに共通するのは、とにかく中途半端なバランスを取らなくてはいけなくて、それが難しかった、ということだ。

新関空会社の経営戦略と中期経営計画が一般民間企業の計画と異なる特徴の1つは、達成できるかどうかとは別の観点から、あらかじめ目標と時期が決まっていたことがある。

負債完済が見通せる条件で運営権を売却するという目標は掲げられていたが、その当時のEBITDA（償却前営業利益）は400億円台前半だった。当時、リーマンショックの影響で世界の空港コンセッションの相場が低下傾向にあり、普通に考えれば事業価値は5000億〜6000億円くらいだった。

民間に投資してもらう以上、基本的に事業価値に見合う金額でしか売却できない。競争環境が激しくなれば上積みが期待できるという面はあるが、競争が働かなかった場合に比べると事業価値より低い金額で終わるリスクは減少するとか、場合によっては戦略的にどうしてもその事業を勝ち取りたい人が少し高値で買ってくれるかもしれないという程度で、それだけで何倍といった結果が出るような性質のものではない。

後で詳しく述べるような、売却の仕組みをファイナンス的に工夫して売却価格を上げるような努力を最大限行うことを加味しても、足元の利益が低すぎる。

この目標と現実の間を埋めるには、自ら経営改革を行い、利益を増加させるとともに、改革を順調な軌道に乗せることで、将来にわたって増益が続く成長ポテンシャルがあることを投資家に示し、事業価値を高めることが不可欠だ。

同時に、負債完済が見通せる条件で運営権を売却する目標は、毎年支給される政府補給金からの脱却も意味していたが、財政当局からは、コンセッション実現を待つのではなく、実現に向けての努力の一環として、政府補給金の速やかな削減も厳しく要求されていた。

他方で、格付機関からは、コンセッションを行い、政府補給金の支給がなくなることで国との距離感が離れるのではないか、そうなったら現在の空港の事業価値だけでは格付は維持できない、と厳しく指摘されていた。「鶏が先か、卵が先か」という感じがあるが、格付を下げられては、負債完済を見通す上での前提が根底から覆り、コンセッションの実現がまったく不可能になってしまうので、それはなんとしても避ける必要があった。

双方の要求に応えて円滑にコンセッションまでたどり着く意味でも、政府補給金が入らなくても利益が確保できる状態を構築する計画を立て、実現する必要があった。

政府内には、当初、新関空会社はコンセッションに向けた暫定的な組織なのだから、余計なことをせずに速やかにディールのプロセスに移り、2年程度でコンセッションをまずはトライするべきだといった意見があった。

背景として、関空会社は最後の3年間、中期経営計画を発表していなかった。2009年度は、社内では案が作成されていたそうだが、リーマンショックの影響が続く中、新型インフルエンザが発生し、将来像が見通せない環境にあることから発表が取りやめになった。この年は、ほかにもそのような会社はあった。

10年度になると、国土交通省成長戦略において会社のあり方が議論され、11年度にはそのための法案が国会に提出されており、いずれも中期経営計画を発表している場合ではなかった。このため、わざわざ中期経営計画を策定しようというのは、コンセッションの旗を掲げたまま実行しないための時間稼ぎなのではないか、というような疑念もあった。

とはいえ、当初の状態のままでは負債完済が見通せる条件では売れる可能性がないことから、最終的に、コンセッションの目標時期は3年後でいい、ということになり、それを受けて経営戦略、経営計画を策定することとなった。経緯を踏まえると、経営計画を立てるのであれば、コンセッションが可能になると見込まれる利益水準を逆算して目標に設定するという前提にしなければ、関係者の調整がつかない状況になっていた。

目標と組織内の軋轢と、実現可能性について

妥当な利益水準の目標額については、いろいろモデルを試算して検討すると、EBITDAが650億円あればコンセッションは十分に実現可能で、金利状況などにもよるが600億円でもなんとかなる可能性があると考えられたので、その方針に基づき調整が

行われた。

これに対し社内では、「実現不可能な高い目標を押しつけられたら、かえって職員のモチベーションが下がる」とか、「経営戦略室が暴走して、できもしない目標を掲げたところで、最後は各担当部門にしわ寄せがくることになる」という反発が生じた。

さまざまなワーキンググループで営業目標やコスト削減の議論が行われたが、それらを踏まえて最終的に各担当部門から出てきた努力を積み上げても、3年後のEBITDAは550億円が限界で、これ以上の目標にはついていけないといった声も多数あった。

最終的に利益目標が605億円に決まったのは、社長による「各担当の積み上げを集めたままの目標なら、経営陣は3年間何をしているのかという話になるし、1割増くらいの上積み目標なら、ちょうどいいのではないか」という鶴の一声であった。

社内の軋轢は生まれたが、もともとは計画を立てること自体必要がないとされてしまう環境だったので、これにより、3年間の自助努力の時間を確保できた。

それでは逆算から設定された目標が実態として実現可能なのか、と考えると、十分可能だろうと思われた。それまで関空会社を2年ほど見ていて、改革すべきポイントがあり、ポテンシャルに問題がないのは間違いなかった。経営計画策定にあたって相談したコンサルタントも、投資判断やコスト管理など改革余地があり、実現できればもっと利益は伸ばせるという考えを示していた。

ただし、そういう「感覚論」を超えて、実際に業務改善や経営改革としての具体的な方向性が見通せているか、という点について不十分だったのは事実である。

全社を挙げて抜本改革しようという動きにはつながらなかった。各担当部門が立案する計画は、それぞれがやりたいことを並べたというレベルにとどまり、目標との間には大きなプランニングギャップがあったが、このギャップを埋めるためのミッションや個別施策の設定に向けた議論にリーダーシップが発揮されるわけでもない。どちらかといえばコンセッションに向けての社内の和の維持が優先され、方向感のないまま進んでいくことになった。

今、ここにあるのは民間企業か、それとも暫定組織か

抜本的な経営改革が起こらなかった理由の1つには、逆説的な理由により、国からもそのような取り組みが期待されていなかったことがある。

政府内では、もともと新関空会社自らによる経営改革に懐疑的であったが、その背景には、自力の経営改革が成功すれば、このままでも十分やれるという認識が広まり、コンセッ

ションというさらなる改革は必要ないとの新関空会社側の意識を強化する可能性がある、という懸念があって、それはなんとしても防止したいという思いがあったからだ。

そのため、「新会社はコンセッションまでの暫定的な組織」という位置づけに徹底的にこだわり、通常業務の延長上の改善努力は認めるけれど、事業内容全体にインパクトがあるような大きな投資や新規展開は、コンセッション後の新しい株主のガバナンスの下で行うべきで、今やるべきではない、というのが政府の基本的なスタンスだった。

「経営統合さえ乗り切れば、コンセッションなど、なし崩し的になかったことにしてしまえばいい」というような主張が関空会社のあちこちでくすぶっていたのは、統合前から知られていたし、新関空会社の役職者の大半は関空会社から移ってきていて、実際、一部には懸念した通り、「コンセッションは必要ない」という意識を持つような状況はあった。

また、社員の不安を払拭する観点から、「コンセッションがあっても何も変わらない、すでに民間経営だ」と情報発信したい風潮もあって、ますます懸念を増大させる面もあった。

他方で、経営改善を進めたい側からすれば、ただでさえ高い目標なのに、やれることに変な線引きをされると、実現困難になるという考えもあり、このバランスも難しかった。

それでもこの状況は、結果的には改善される。まず統合直前の関空会社の状況を踏まえ、新関空会社では経営判断に対する規律が高まった。常務会を設置して経営の重要事項は必ず審議する、新たに投資を審査するグループを作り、採算性などもルールに従い審査するといったガバナンス強化が図られ、経営施策の合理性や見通し、リスクに関する説明能力が格段に向上したのだ。これにより株主である国と納得性の高い議論ができるようになってきた。

何よりも社長が、社内にコンセッションの実施やその意義について懐疑的な空気が漂う中、徹底して実施の方針を堅持し、その意義についての認識をぶれさせなかった。コンセッション実現の上で最低限必要な水準に経営計画の目標を設定し、改革を行うという判断もした。

当時の関西経済界には、「元の関空会社には地元出資もあり、役員と地域との関係も深かったが、完全に国の出資になった新会社は距離が遠く、得体の知れないコンセッションなどを推進する裏切り者」という雰囲気も強かった。その中で社長が微塵も揺らがないのには、相当な胆力が必要だったろうが、次第に、周辺も含め、コンセッション実施を前提に議論が進むようになった。

そのような状況を踏まえて、国とも信頼関係が再構築され、新関空会社の努力をできる限り応援しようという雰囲気が広がった。社内で議論して実行すべきという結論に至った案件については、きちんと説明すれば理解が得られるようになっていった。「説明が難しいからといってごまかしてその場を逃げても、後から信頼を失うだけ。正々堂々正面突破すべきだ」という考え方を共有し、その行動を理解してくれる社員も増えてきた。

目標を設定し直すことはできるか

目標は、収まるべきところに収まったように見えたが、根本的な問題を1つ抱えていた。政府内には、「とりあえず目標は高く掲げるべきだが、実現できるか、やってみないとわからないのは仕方がない」という理解があり、社内の一部には「政府が言うから高い目標は掲げるが、やってみてできなかったら仕方ない」という認識があった。なぜこれが問題かというと、「実現できなかったとき」に対する認識がまったく異なっていたからである。

政府には、経営統合とコンセッションが政策決定された当時の状況から、とにかく「負債完済が見通せる条件でのコンセッションの実現に、一度トライしないと次に進めない」との認識があった。つまり、「やって実現できなかったら、そのときは経営計画の期間を延ばすなりして事業価値向上を図り、改めてコンセッションにトライすればいい」と、やり直しの可能性を念頭に置いていた。とりあえずは理想を追求しろ、という考えである。

その考え方の一部として、経営計画の目標も、一度で達成できるかはわからないのは仕方がないが、必要だと思う目標を掲げておけばいい、という理解だった。

他方、社内に民間からの出向者がいて、投資家候補とも直接コンタクトする新関空会社側では、当初から「ディールにトライするなら一度で完遂しなければ」との認識があった。

その理由は、まず「最後までやり通せるかわからないというスタンスでディールにトライしても、民間の投資家側がついてこない。弁護士を含む高額のアドバイザリーフィーをかけて真面目に提案を出すためには、ディールは実現するという確信が必要だ」という認識だ。もう1つは、「いったんディールが頓挫したような案件は、民間から色眼鏡で見られるようになり、２回目以降の挑戦ではより一層実現が難しくなる」という認識だ。

では、一度でコンセッションを実現しなければいけないとしたら、どうして経営計画の目標が未達でも仕方ないという理解が社内の一部にあったのか。これには、負債完済見通しをつけるという目標が実現不可能だとわかったら、政府側がとにかくコンセッションの実現を優先して、計画の目標そのものを切り下げられるという期待もあったからだろうと思う。

政府側には負債完済が見通せない条件でのコンセッションディールを行う気は一切なかったし、社内ではディールを一度でも失敗させるのは絶対反対だったので、すなわち、経営計画が実現できないと、その後の処理がどうなるのか解決方法がない状態だった。

そのため経営計画の目標は、政府、社内双方とも、万一の場合には未達で構わないと、ある意味気楽に設定され、気楽に運営が進む一方で、実際には、計画全体を機能させる上では必達という、とても危ういものになっていた。

目標を大幅に上回ったのは「運がよかった」から

中期経営計画のＥＢＩＴＤＡの目標６０５億円に対し、最終結果は６９３億円となった。当初４００億円台前半だった実績を３年間で２５０億円以上もかさ上げできたことになる。

これがなぜ実現できたか。一言でいえば、運がよかったということになる。

経営計画の3年間に、きちんと経営改革がなされたかと問われれば、「できた部分もあった」となる。最も改善されたのは投資の規律である。経営計画策定の段階で、長期の投資計画を作成しようとなり、向こう10年の投資はある程度具体的に把握して、それ以降の不明な部分は単純に同じ投資を繰り返すと想定する、といった程度ではあるが、できる範囲の計画は作成された。

投資判断のルールを制定し、それに則り、徹底的に需要や投資額などの見通しを精査し、また、事後に結果を検証して次回以降の投資判断に活用しようという取り組みを行い、収益性が説明できない投資を中止したり、会社の収益見通しに応じて不急の投資を後回ししたりといった取り組みもある程度実行に移された。

経営計画策定の段階では、収益見通しに対し投資額が膨らみすぎていたこともあり、「カンナ掛け」と称して過去の各部門の予算要求と使用実態の乖離（予実差）に当たりをつけ、一律の割合で減額して計画としたのだが、どの程度の予実差が生まれるかも見通せるようになり、将来の投資額の予測精度も上がってきつつある。

予算執行についても、高い利益目標を掲げた結果、執行ベースでできる限りコストを抑制しようという取り組みが強化された。

また、科学的な営業ができていない問題がワーキンググループで明らかになったことも踏まえ、マーケティングのいろは、営業の基本的な状況把握と戦略立案の仕方についての勉強会が実施された。その成果が営業部門全体に大きな効果を与えたとは言い難かったが、一部には取り入れて考えてくれる社員がいて、改善スピードを少し速めるといった効果はあった。

需要拡大に備え、関空の発着容量については、航空管制との調整を通して、１時間の発着回数を40回から45回に増加させることができ、大幅な増便を受け入れられる環境が整備された。併せて、それまで航空管制にお任せになっていた空港の発着回数の増加余地について、共同で勉強会を開催し、今後に向けた社内の課題の整理などが進んだ。

それでも貫徹されない改革――爆買いに救われる

一方、経営計画の目標は、設定前はもちろん、公表直後から尖閣諸島問題による逆風が吹く中で、「実現は無理だ、下方修正すべき」という社内の反発との戦いを繰り返した。

半年も経たないうちに目標を下方修正するなどあり得なかったが、「できもしない目標を打ち上げたのは経営戦略室なのに、実現できなかった場合はすべて営業のせいにするつもりなんだろう」といった疑念が生まれていたのだ。

目標は引き下げられないとなると、今度は「対外的な目標とは別に、社内では現実的なベンチマークを打ち出し、それとの対比で経営会議では議論する」とかいう案が出てきた。会社として打ち出した目標に「誰のせい」もないし、対外目標とは別の社内目標など作ったとして、会社の責務も課題も変わらない。少しでも改善して現状を打破しようというのでなく、目標を下げれば楽になる、とにかく責任問題を回避しよう、という発想が強かったのだ。

その場しのぎの適当な説明でものごとを進めようとする動きも消えたわけではなかった。

たとえば、「事業者も尖閣問題で苦しく、賃料を割引しないと撤退してしまうから半年限定で割引したい。半年経てば経営が安定して支払えるようになると相手も確約している」との説明で実施した期限付きの割引を、半年経ったら「もともと高かったことに批判があり、料金を元に戻すのは信頼関係上難しいので延長したい」などと言い始める。収入管理と計画づくりを別の担当がやっていたからまったく連携できておらず、単なる計算間違いで経営計画に何億円も穴が空くことがわかった、といった事態が平然と報告されたりした。

こうした風潮は放置すれば、そのまま変化がなさそうで、信賞必罰などきちんと規律が働いているのか不明なまま会社は動いていき、責任なき民間風経営のガバナンスは、どこまでいっても自前での改善には限界がある状態だった。

経営全体を見ても、改善は一部実行されたが、目標をすべてカバーするほどは進んでおらず、中期経営計画の最終年の収益見通しは、残り半年になっても相変わらずプランニングギャップが数十億円ある状況が続いていて、社内的には打つ手が少なくなってきていた。計画の担当は、内々に目標が達成できなかった場合の理由（言い訳）の整理を始め、コンセッションに向けた取り組みとの整合をどこでとるか考え始めないといけなくなってきた。

そこに突然降って湧いたのが、いわゆる「爆買い」である。旅客の急増とその莫大な買い物需要により、年度の利益見通しが週を追うごとに改善していく状況になった。しばらくすると、危ぶまれていた目標も達成が確実になり、さらにしばらくすると上積みが期待できそうだということとなり、結果的に693億円になったのだ。

ブレイクイーブンになる水準を下回ると恒常的に赤字で、超えると一気に黒字が拡大する装置産業としての空港事業の特性が、最良のタイミングで奏功した。これで、コンセッションの事業性について、数字的な裏付けができた、むしろ出来すぎなものとなった。

伊丹空港ターミナル会社の買取り・完全子会社化

この時期に、伊丹空港のターミナルビルを設置・管理する大阪国際空港ターミナル（OAT）の買収・100パーセント子会社化が行われた。

先述したとおり、国の管理する空港では、基本施設とターミナルビルの運営主体が一体でないことで、航空と商業を総合した営業や運営努力ができていないことが課題とされていた。そのため、関空・伊丹経営統合法では、この事業者とどのような形で連携するのか協議して協定を締結し、国の認可を受けることとなっていた。

OATは、周辺の4自治体、31の企業などを株主に持ち、大阪万博をきっかけに設立された会社である。一般的な第三セクターの非効率イメージとは対照的に、近年では伊丹空港の旅客数が大幅に減少していく環境下で、外部支援を受けることなく、自らの努力でコスト削減などを行い耐えしのいできた。

ソフトランディングを図るという観点から、ジョイントベンチャーを設けて共同で事業をして一体化するとか、いろいろな案が検討されたが、経営統合直前に完全子会社化の方針が決まった。その後に続くコンセッションを見込むと、できる限り投資家にとってわかりやすい仕組みにしておかないといけないという判断だった。

株式買収そのものについては、経営統合とコンセッション全体の大きなパーツということで、地元自治体や経済界も応援してくれ、適切な買取価格ならば協力してもらえることは早々に確認が取れた。あとは具体的な価格であるが、買い手の新関空会社と、売り主の代表である4自治体がそれぞれアドバイザーを雇用し、株式価値評価を行った。考え方が分かれ得るポイントはいくつかあったのだが、結果的には、新関空会社の提示額が、売り手側の受け入れ可能レンジに入っていたため、両者にとって妥当な水準で合意できた。

ＯＡＴに関するもう1つの課題は社内にあった。新関空会社内には、ＯＡＴはターミナルだけを運営する会社だとして軽く見る風潮があった。実際にはグループ会社を10社も持ち、滑走路などの基本施設を管理していない点を除けば、全体として新関空会社と大差ない機能を兼ね備えている会社であった。

ＯＡＴは関空会社と比べれば、2倍以上の歴史があり、近年ではより筋肉質なコスト構造を持つ立派な会社で、子会社との役割分担などでも一体感があったが、それを知っていたのは新関空会社の中でも株式価値評価などに携わったごく一部の社員だけであった。

そのため、すぐに「ＯＡＴと新関空の子会社とで機能が同じ部分は新関空の子会社側に統合したほうが効率的では？」といった安直な組織改革案が持ち上がった。

それに対し、ＯＡＴ側には、コスト構造は自分たちのほうが優れているという自負もあったし、コンセッション実施後の完全民間運営の中であるべき再編論がなされるのならまだしも、新関空会社の支配下で切り刻まれることには抵抗感があった。

そこで、新関空会社との融合に関する取り組みはある程度のところで止め、現体制のまま運営を継続することになった。

あとになって、コンセッションが実現に向けて動いていく中で、別途ＯＡＴをどういう形で引き継ぐのが最良かという観点から議論が行われた。コンセッション後も「グループ会社」のままがいいのか、本社内の最適な形に組織再編するのがいいのか、という検討の結果、コンセッションを機に新関空会社と合併し、ＯＡＴの職員は「本社職員」として運営権者に移ってもらおうということになった。

この案に対して、ＯＡＴの現役職員とＯＢからは、会社の名前がなくなることへのノスタルジックな抵抗感も含め、さまざまな批判があったようだが、議論の上でこれがベストと判断した、ということで社内を押し切ってもらったようである。

ターミナルビル事業を単独のビジネスとして成立させ、職員の生活と将来の活躍についても気を配り、守るべきところは守りつつ改革にも協力するという姿勢を持ち続けた、ＯＡＴの社長とそれを直接支えた経営企画部長は、空港で出会えた尊敬すべきビジネスリーダーだった。

第6章

空港を〝飛ばせる〟のは誰か

関空・伊丹コンセッションで見る日本の課題

作り込みができるコンセッション

本章は、公共的に運営してきた空港を飛躍させる（〝飛ばせる〟）ための一連の経営改革の本丸である、関空・伊丹コンセッションの検討・調整がどのように行われたのかを見ていく。

第5フェーズは、政府と民間の投資家候補とのそれぞれのスタンスが両立できる仕組みづくりを模索した段階であり、さまざまな議論や調整があったが、結果的にディールに本格的に参加したのはオリックス、ヴァンシ・エアポートコンソーシアムの1者のみになった。

第6フェーズは、オリックス、ヴァンシ・エアポートコンソーシアムとの間で、最終的なコンセッション事業を作りあげ、提案、選定、引き継ぎを行った。

国土交通省成長戦略の中で、ひときわ目を引くのが、運営権の売却（コンセッション）という議論だ。この単語が、政府の公式な議論に登場したのはこれが最初であった。民営化で一般に思いつく方法は上場などによる株式売却だが、運営権の売却（コンセッション）という仕組みが想定されたことにはいくつか理由がある。

株式売却は、会社自体の所有権を譲ってしまうことであり、いったん売却した株式が流通すると誰の手に渡るか制限することが難しいといった課題があり、重要な公共インフラの民営化のあり方として適当なのか議論があった。

２００８年に成田国際空港株式会社の株式売却が検討された際、施設を大幅に変更するときは認可を受けさせるといった規制（行為規制）をしっかり設定すれば株主に対する規制は必要ないか、必要な場合、外資規制なのか、国籍に関係なく大きな影響を行使すること全般を規制する総量規制なのか、といったことが政治的に大きな課題となった。

そして、法律制定のレベルで明確に決着せず、株式売却自体が中止になってしまった。その議論はそのまま立ち消えになっており、日本には、どういう条件で公共インフラ会社の株式売却を行えば世の中に許容されるのか、答えがなかった。

そういう事情の中、コンセッションは、株式売却の課題を個別にクリアできる仕組みであった。施設の所有権をはじめ、空港がそこに存在し運営されることを担保する根源的な権限は公共側に残る。また実施の契約を作り込めるので、運営上の義務など、公共性を維持する仕組みが作りやすい。

株主についても、特定の買い手に対して売却するので、その主体が適当かどうか個別に判断でき、また、株式の売却のルールについても契約で定めて手当てできる。

もっとも、関空・伊丹について株式売却が選択肢となり得ない最大かつ明瞭な理由は、事業価値が負債総額を下回る債務超過会社であるため、株価はマイナス、買い手が現れるはずがなかったことだ。

運営権の売却という、売り主の公共法人と買い主の民間企業とが相対で契約を結ぶ仕組みが想定されていたことが、負債完済が見通せる条件で売却する目標と、事業価値以上の投資はしない民間企業の判断とを両立させていく上で重要なポイントとなった。

コンセッションが実現できる総合力を求めて

2013年7月までの事前検討では、コンセッションはグローバルにも例があるということで、買い手である民間投資家の目線を中心に議論が進められていた。

証券会社からは、45年間のコンセッションでは、それだけで負債が完済できる支払いを受けるのは不可能だとの意見が寄せられ、それを「民間が見たとりあえずの常識的な考え」と政府に示したところ、全面的に受け入れ拒否されてしまった。民間の言いなりになって、株主である国の利益の最大化に努めた形跡が見られないというのが理由だった。

それを受け、社内の体制が強化された。公共インフラのM&Aに精通したコンセッション推進部長と、行政をある程度理解している筆者とが連携して、多数のアドバイザーを巻き込んで、国土交通省航空局近畿圏・中部圏空港政策室の企画調整官と調整し、コンセッションディールを構築していく、本格的な検討がスタートしたのだ。

本プロジェクト実現には、公共と民間、日本とグローバルとの間に、まったく新しい仕組みを作る意識が必要だった。民間視点だけでは公共が納得しないし、公共視点だけでも民間が納得しない。地元や政治の一部には外資アレルギーがあることはわかっていたが、現実的に海外にしかノウハウがないので外国企業の参加が必要で、これまで積み上げられてきた日本的なＰＦＩの実務と、グローバルスタンダードとの調和も図らなければならない。

これらを実行するためには、各分野の専門知識を含む総合的な解決力が必要である。監査法人系を対象に、公共的な視点からアドバイザー（ディール開始時に投資家とのコミュニケーションなどを担当するフィナンシャルアドバイザーと区別して、公共アドバイザーと命名）を募集し、経営統合時と同じく新日本監査法人が選定された。法的な検討は、ＰＦＩに精通したアンダーソン・毛利・友常法律事務所とグローバルディールに精通したフレッシュフィールズブルックハウスデリンガー法律事務所に関与してもらうこととなった。

検討方法としては、日本のＰＦＩに則って実施するとしたらどうなるかを整理し、それに民間企業の状況やグローバルの観点などに基づき必要な修正を図った。これは将来政府内で、あるいは政治・世論に説明責任を果たすには、なぜ日本の従来のPFIの仕組みと違うのかを整理しておく必要があったからだ。

もう1つ、「1・2兆円の負債完済が達成できるとすればどういう形か」を中心軸に据えて議論することにした。負債完済目標を放棄した契約条件にすれば、案を作るのは簡単だが、公共として許容される条件の範囲内に入っていなければ実行できない。そもそもコンセッションをやらなくていいという結論になって終わりである。

その後、難解な論点がいくつもある一方で、非常にクリエイティブに検討が進められ、半年ほど経てある程度メドがついた。さまざまな公共的なファイナンスの特長も活かした工夫を行えば、45年のコンセッション1回で負債完済を目指すのも、あながち荒唐無稽ではないという結論も出た。

金融や投資の専門家でも、空港や公共には精通していない

そこからは実際に投資家の意見を聴いて仕組みを構築していく必要があったので、ようやく証券会社をアドバイザーに起用しようということになった。あくまでも事前検討段階とい

う位置づけで、「ディールの実施条件が整い、実行段階になった際にはファイナンシャルアドバイザーにする」「ディールが実施できないことになった場合には契約を打ち切る」という2段階の仕組みにし、フィナンシャルアドバイザーと区別して金融評価支援アドバイザーと命名した。実施条件が整うとは、もちろん負債完済の見通しをつける、ということである。

公募の結果、SMBC日興証券とシティグループ証券のグループが選定された。さまざまな事情があったが、結果的に金融評価支援アドバイザーは期待したようには機能しなかった。証券会社は業態上、空港運営自体にも、公共の考え方にも精通しておらず、本件のような専門外も含めた幅広い知見が必要なディールで代理人を務めるのは難しかった。もっとも、個人レベルで検討・調整の支えになってくれる人はいた。

インベスターヒアリングと銘打って、投資家の意向を確認しつつ意見交換を進めてもらったが、いくら話してもらっても投資家の考えとの溝が埋まらないため、議論が深まらず、すぐに投資家から「アドバイザーは、新関空会社が伝えろといった『言葉』は伝えていると思うが、それに対する議論ができないので話してもムダ。新関空会社と直接話したい」といった要望があちこちから寄せられることになった。

結局、投資家候補との対話はコンセッション推進部長と筆者の2人で担当することになり、公共的な観点から仕組みの考え方を説明することと、民間の要望を受け止めて検討に反映することの両立を目指すことになった。そういう意味で、本プロジェクトの本当のフィナンシャルアドバイザーは、コンセッション推進部長だった。

実施方針の公表・募集要項の配布

政府内の調整と投資家への非公式ヒアリングを踏まえ、売却計画のうちメドがつけられるものにはついたが、完全に見通しが立ったわけではなかった。

海外の投資家は白黒が明快で、ある条件が満たされればやるし、満たされなければやらないという感じで、手を挙げるところはいくつか見通せたが、国内の投資家は、状況が見通しにくかった。政府内には「競争的なディール環境の中で事業者を決定するべき、2社は参加する見通しを立てるべき」という意見も強かったのだが、「少なくとも1社は手を挙げるだろう」という以上の状況になかなかならなかった。

民間企業にとって「手の出しやすい甘い条件」でないのは事実である。だが、全体を通してバランスが取れるよう作成しており、関係者すべてが半歩ずつ譲り合って新しいものを構築する観点では、ギリギリ納得が得られる解は構築できただろうと考えられた。

そこで結局、今後のプロセスで理解を得る努力を続けるとともに、ディールの競争環境の中で解決されていくことを期待して、2014年7月に実施方針が公表された。

実施方針ができた頃から、先述した爆買いの風に恵まれ、危ぶまれていた経営計画の目標を大きく上回る見通しが立った。これにより事業性について数字的な裏付けができた。

実施方針を公表し、説明会などを行うと、予想通り国内企業から、民間に厳しすぎるとの反発が巻き起こった。「事業期間が長すぎてリスクが取れない」「固定の運営権対価が高すぎる」「事業リスクが民間側に多く寄っている」「運営権者側から解除できない」など、いずれもこれまでの意見交換でも把握され、売り手である国の事情や、PFIの制度上の制約、海外企業と国内企業の意見の齟齬がある中、国内企業の意見を反映しなかった部分であった。

各投資家候補との対話を継続したが、溝を十分埋めたかといえば、そうはならなかった。結局、見切り発車のまま、基本的な枠組みは維持して、11月、関心を表明したところに募集要項を配布し、コンセッションのディールがスタートすることになった。

期間をどうする——44年は長すぎるのか

では、そもそもコンセッションの契約の中身はどのようなものなのか、ポイントを見ていこう。

まず期間は約44年とした。1つの理由は、次に述べる対価と相まって、新関空会社の負債完済見通しを立てる上で、できる限り長期の事業とすることが適当だったことだ。

もう1つの理由には、海外の投資家を中心に、40年以下の事業ならばやらないという意見が圧倒的だったことがある。海外での一般的な見方は、公共インフラビジネスは成長率が低めだが安定性の高いビジネスであり、長期にすることで、一時的な要因で需要が落ち込んでもプロジェクト期間全体としてリカバーできる、というものだった。

目先高成長で将来が見通しにくい途上国なら20年というのも理解できるが、先進国、中でも成長率が低い日本では、40年以上とするのが当然ということだった。

日本企業の一部からは、45年は長すぎるとの懸念が示されていたが、理由は、先例がない、そんな先のリスクは分析できない、現在の役員にそこまで長期の投資は判断できない、といった情緒的なものだった。

運営権対価は賃料なのか

コンセッション対価は、分割払いを基本とし、年間490億円の最低提案価格を設けた。

なお募集要項等の配布段階で、形式的な修正として、一部は固定資産税等負担金などの別の名目で受け取ることにし、運営権対価そのものの額は392億円に減額した。

その1つの理由は、運営権自体の仕組みによるものだ。もともと運営権は、法律制定の段階で、公共主体が持っている公共施設の所有権の一部を運営権として切り出して、それを民間に売却する、つまり物権の売買取引だという論理構成が取られた。売却代金を一括で収受する仕組みを基本的に念頭に置いた仕組みと考えられる。

新関空会社が行おうとするコンセッションの仕組みは限りなく賃貸借に近かったが、それを物権売買の仕組みに則って処理しなければならない難しさがあった。新関空会社は株式会社で、法人税や固定資産税等が賦課されていたこともあり、一括で対価を受領して売却収入を立てて多額納税し、残りを負債返済に充てるという考え方はナンセンスだった。

また、運営権対価を一括で受領してしまうと、仮に事業が期間途中で解除になった場合に、すでに受領して売上計上した代金の一部を返金して、今度は損金処理をするのかといえば、それも合理的ではなかった。当初の支払額がある程度の額になることを想定していたので、もらったものは返さないという仕組みでは納得が得られそうになかった。

そのため、税制の特例措置を要望して、運営権対価は分割払いを基本にして、延払い基準

（分割払いがあった段階で収入認識して、応分の納税をする）を適用してもらった。

なお、新関空会社側の納税問題にはメドがついたが、買い手のバランスシートに価値総額が計上され、ROAを大きく引き下げるなど、実態以上に負担感があるように見える仕組みになってしまった。固定資産税等の支払いは、別途「負担金」として、発生ベースで請求して支払ってもらうことにして、運営権対価部分を年100億円近く引き下げるなどの可能な範囲の工夫はしたが、その程度が限界だった。

公共的ファイナンスの最大活用

分割払いのもう1つの理由は、安定収入により負債完済見通しを立てたい国の目標を尊重しつつ、事業価値以上の支払いは民間に求められないこととのバランスを取った結果だ。

民間側は、自ら出資するなり金融機関から調達するなりして資金調達するのに対して、十分なリターンを返せるかを分析する。当然、負債金利も出資のリターンも公共法人のほうが低い。民間の出資のリターンは最低10パーセント程度と言われており、負債を合わせて加重平均しても、5パーセントくらいは必要だ。他方で、新関空会社の場合、出資への配当は求められていない代わりに1・2兆円に及ぶ負債の完済が求められている点を考慮して計算しても、出資と負債との加重平均リターンは1パーセント台になる。

そのため、将来の収入の時間的価値は、公共法人においては民間よりも高く評価でき、当初一括で支払いを受けるより、分割払いにしたほうが、民間から見た事業価値を同じままで公共から見た事業価値（負債完済見通し）は高くなる。

実際に、中期経営計画の目標が達成できても、民間の要求リターンベースで計算すると、新関空会社の事業価値は9000億円くらいであった。支払いの大半を分割払いにして将来に送ることで、民間側から見ると事業価値に見合う支払いの範囲内で、公共法人としては1・2兆円の負債完済に見込みをつけることができる、という仕組みになった。

「官から民へ」の前提条件は成長

最低提案価格は、中期経営計画が達成されたと仮定して、その価格ぶんを支払うとちょうどプラスマイナスがゼロになるような水準に設定された。これは、結果から逆算して経営計画を立てたのだから、ある意味当たり前だ。

一方で、民間から見ると、引き受けた事業をそのまま実施するだけならリターンは生じず、事業を成長させる前提になっていることを意味する。最低価格が高すぎるという批判もあったが、これはＰＦＩの基本理念に立ち返ると、そういう事業でなければ実施する意味がないと言えるものだ。

ＰＦＩはその理念に、「民間の資金、経営能力及び技術的能力を活用した公共施設等の整備等の促進を図る」「効率的かつ効果的に社会資本を整備」「国民に対する低廉かつ良好なサービスの提供を確保」とある。単に同じ収益を民間出資に置き換え、資金コストを上げるだけなら「そのまま公共でやり続けたほうがプラス」という結論にしかならない。むしろ、公共法人の大きな課題である低金利・低成長を改革し、高い資本コストに見合う高い成長をコミットし、実現できる主体に運営権を譲ることにこそ意味がある。

類似の話として、「最低提案価格を引き下げていろいろな主体が参加しやすい仕組みにしたほうが、ディールが盛り上がって結果的には公共側の利益にもなるのではないか」という意見もあった。わかりやすくいえば、ネットオークションに出品する際に、１円でスタートすればいろんな参加者が出てきて最終的な売却価格は５０００円を超えるかもしれない、最初から５０００円に設定して参加者を減らすよりいい、という話だ。

これは、一面の事実だが、結局のところ、それは売り手が最低価格以下になるリスクの許容度と最低価格を超える可能性のありがたみとを秤にかけて選択すればいいだけの問題である。本件については、負債の完済見通しがつくのかという議論がディールを開始できるかできないかの大きな論点になっていて、リスク許容度がきわめて低かった。

なお、最低提案価格の設定には、将来の新関空会社の負債借り換え金利を織り込む必要があり、これはインプライドフォワードレートに適当なプレミアムを付加する形で計算した。その当時の金利を前提に計算して、約2パーセント程度の金利上昇に耐えられるバッファになっている。

政府内には、さらに想定外の金利上昇があった場合に運営権者から追加の支払いを受けられるようにすべきではないか、との意見があった。しかし、投資家側からは、金利上昇リスクをそのまま転嫁されては、負債そのものを全額負うのと同じであり、収益に与えるインパクトから考えても、到底そういう条件では手を挙げられないという意見であった。

不動産業界を中心に、支払い義務を長期固定にすると、バブル崩壊とともに大打撃を受けたサブリースに仕組みが似るので、上がったときには大きく払い、下がったときには減額されるプロフィットシェア・ロスシェアの考え方をメインにしてほしいという意見があったが、変動次第では負債が完済できるか見通しが立たないことになるので、リスク許容度が低い政府を通して本格的に導入することは難しかった。

結局、間を取る形で、ロスシェアにあたる部分は、負担金制度を作り、392億円のうち最大130億円部分は変動を選択可能とした。プロフィットシェアにあたる収益が増加したほうの負担金は、投資家側から自由に提案可能ということにした。

履行保証金の性質は対価なのか?

運営権対価とは別に、事業の開始段階で最低額1750億円以上の履行保証金の差入れを求め、事業期間にわたり段階的に返還(運営権対価の支払いと相殺)する仕組みにした。

分割の支払いのみにすると経営委託のような形になるが、加えて、事業開始段階での一定の支払いを求めることが適当と考えられた。それは、一面において、見栄えとして、民間の資金を受け取ってスタート段階である程度の負債が返済できることが、コンセッションの意義を示す上でも有効と考えられたことがあり、また一面において、やはり民間側のコミットメントを引き出し、しっかりとした運営が実行されることを確保する上では、ある程度の規模の事前の投資を求めることが適当と考えられたからだ。

事業期間各期の契約に則った履行を確保するための保証金という形を取ったのは、途中で解除になった場合に返還することを想定すると、運営権対価の一部という形だと処理が複雑になり、これが受け取った資金の実態を一番反映しているからだ。さらに細かく言えば、万が一の契約解除の際の清算において、運営権者に新たに請求することになる部分を最小化し、可能な限りすでに預かっている資金との相殺の範囲内で処理したいという事情もあった。

また、運営権対価を分割払いにし、数字上、民間から見て事業価値は成り立つ条件になったが、現実には課題も生んでいた。運営権者の出資、負債の上に、新関空会社に対する運営権対価の支払いも事実上の負債のようになり、将来の収益見通しが少し変動すると、運営権者の収益が大きく影響を受けるという、レバレッジ過剰に近い様相を呈していたことだ。

履行保証金を多額に積めば積むほど投資家の期待リターンは下がっていく傾向があるが、他方で事業運営の安定性は増していく傾向があるということで、これは新関空会社側が１つの額を決定するのではなく、最低限の金額を示し、それ以上に積むのか積まないのかは提案する側の判断に委ねることとした。

運営主体は誰になるのか

運営主体については、我が国の法令・ビジネス慣習を熟知した代表企業が、関空と同等規模の空港運営の能力を有すると認められるコンソーシアムを構成しての応募を求めることにした。

コンセッション契約においては、個別の契約条項による行為規制の作り込みが可能であり、実際にさまざまな運用上のルールを設けているので、論理的には応募主体に対する要件は必要がなかったが、初めての案件に対する周辺の懸念を払拭する「追加的な安心策」として、ディールを取り巻く環境に配慮して導入したものだ。

まず、現実的にノウハウが海外にしかないので、説得力のある事業計画を作成するには外国企業の知見が不可欠だった。一方で、地元や政治の一部には外資アレルギーがあり、得体の知れない会社が入ってきて望ましくない運営になるのではないかという懸念があった。

逆に、海外の空港オペレータの側も、日本の空港民営化で初の事例になることから、新たな市場に参入する上では地域に根差した日本企業とのタイアップが必要と考えていたが、政治の一部には、対内直接投資の促進こそが経済成長に不可欠であり、日本企業でなければ参加できない仕組みにすべきではないという意見もあった。

コンソーシアムの方式について、民間からの反発はほとんどなかったが、それは皮肉にも、事業開始段階で多額の資産・負債が計上される「物権売買」の仕組みであったことを受け、国内外のほぼすべての投資家候補が、本件を本業のバランスシートに連結させるのは難しいと判断していたためだ。

国内外のどの主体も、運営主体の本業の経営への影響を薄めて連結を回避するため、自社以外のパートナーを探していた。通常の民間投資では、責任もって経営判断をし、事業のリスクやリターンをきちんと自らに帰属させるために、できる限り高い影響力を保持できる投資の形を模索するのに比べ、本件では微妙な譲り合いの構図が出来上がってしまった。

運営会社の出資者が誰になるのかは、世間・政治の高い関心を呼び、国の認可も受ける必要があった。重要な公共施設を安定的に運営スタートさせるという観点と、そもそも短期で株主が変わってしまっては何のために認可したのかわからないという問題から、株式の譲渡を禁止する期間（いわゆるロックアップ期間）を設けるとともに、ロックアップ期間終了後についても、株式の移転に新関空会社の許可が必要という仕組みにした。

国内外の多くの投資家が、長期的に空港事業に取り組む姿勢を示したが、他方で、本業が傾き事業範囲を縮小する場合すら株式を処分できるかわからなくては投資できない、ということもあり、株式処分が許可されないのは合理的な理由がある場合だけ、と限定した。

リスクの分担を設定する難しさ

運営権者が自主性と創意を発揮できるよう料金設定・収受が原則として自由とされていることから、事業リスクは運営権者が負うことを基本としつつ、公共施設等の管理者でなければ取れないリスクについてのみ、限定的に新関空会社が負担することとした。

これには、唯一絶対の正解があったとは思わないが、グローバルスタンダードから見ても、さらに国内投資家からしても許容可能で、過去のPFIに照らしてもおかしくなく、公共としても許容可能な限界点を模索した結果、出来上がったものだ。

リスクには、「民間に移転しようとすると対価を大幅に引き下げないといけなくなるか、そもそもディールへの参加ができなくなるもの（ノックアウトファクター）」と、「デューデリジェンス（買い主による資産価値の評価）への便宜など、役割分担として売り手が負担したほうが合理的なもの」の両方がある。

前者は、公共が運営を継続しても負担が必要なもので、かつ民間に事業運営を委ねる上でも最後の保険は公共がかけてあげるしかないことも常識的で、公共が分担する理由がある程度わかりやすい。

問題は後者で、PFIの既存のルールに従うと、たとえば民間同士のM&A等における「表明保証」が難しいという制約もあった。表明保証とは、売り手に比べて買い手がアクセスできる情報が限られる状況で、合理的に価格や契約条件を決定する知恵として、「法令違反をしていない」とか、「重要な検討資料の提示漏れがない」などを売り手が保証することを指す。だが、公共が法令違反をするはずがない、民間が必要と考える資料をすべて公共が持っている前提に立っていないといった理由で、従来のPFIでは行わないのが通例だった。

またリスク分担は、設定する段階より、実際にリスクが発現したときに社会的な批判を浴びるおそれがある点も難しかった。過去、長銀破綻とその後のリップルウッドへの売却では、移管する貸出債権が焦げついた場合、国に返還できる瑕疵《かし》担保条項が設けられ、実際に返還されてから社会問題になり、関係者の国会招致などにまでつながった。

後から結果責任を追及された場合にも合理的な理由がつけられる範囲内での整理に、特に配慮する必要があった。

それらを踏まえ、リスク分担も、自然災害により民間で保険をかける水準を超える以上の被害が出た場合や、国側の責任が明確な狙い撃ちのような法令・政策変更があった場合、埋立地の沈下で予想を超える対応が必要になった場合（沖合5キロで1000ヘクタールも埋め立て、管理した経験のある民間企業は世界にも例がなかったし、関空も埋め立て後20年程度の経験しかなく、30年、50年経った場合にどうなるかは誰にもわからない）、引き渡した施設の瑕疵担保責任（埋立地上の建物にどのような影響が出るのかも事前把握が技術的に難しい）などに限定した。

また、契約解除の仕組みについても、いろいろな議論があった。

国内の投資家候補からは、運営権者側から解除できないことが問題だとの指摘があったが、公共的に重要な資産の運営を民間側から自由に放棄して止めることができる仕組みは、日本のPFIはもちろん、海外の空港の事例を見てもなかった。

さらに、国内と海外の投資家の意見が大きく分かれているポイントがあった。海外の投資家は基本的に、事業改善に自信を持っており、民間企業が事業を改善したあとになって、公共側から契約を解除されて安値で取り戻されては困るので、公共側の解除事由自体に制限を設けたり、そのような場合には補償金が上積みされたりする仕組みを求めていたが、国内の投資家は、事業がうまくいかなかった場合に運営権者が解除できるとか、最悪の場合の民間が支払う補償金に上限を設けてほしいという主張がほとんどだった。

公平性の観点からいずれかに統一する必要があったが、いろいろ検討した結果、国内投資家に配慮し、実績数値による計算式にすることで、補償金額を事前計算で把握できるようにした。

経営の自由はどこまで確保するのか

民間に事業リスクを大部分移す以上、経営と収益の自由はできる限り確保した。自由な経営により高い成長を目指すこともコンセッションの意義である。多額の出資で長期的な事業を運営する以上、収奪的な運営により短期的な利益を上げたところでプロジェクト全体としてマイナスになることは明らかなので、独占的利益の享受はいけないとか、事業期間の終了間際には施設の老朽化を放置するリスクがあるといった仕組み上の課題に適切に対処すれば、それ以上は民間を信用して任せるべきだと考えられた。

そのため、職員の承継に配慮した雇用条件の維持や公共施設を運営する上での最低条件となる要求水準などはきちんと定めて提示し、事業終了時の合理的な価値に問題がある場合には新関空会社が確実に補償を得られるように投資や清算のスキームをしっかり構築したが、それ以外はできる限り制約しないことにした。

地域や地元からは、この機会に着陸料や環境対策に追加的義務を運営権者に課すべきでは、との要望があったが、それらは国土交通大臣の基本方針にすでに記されており、基本方針に則った運営は運営権者の義務として明確に定められているので、その範囲で対応することになった。

意思決定は賀詞交歓会で

募集要項を出してからは、Q&Aの対応などが集中的に行われ、その後も五月雨《さみだれ》式に出されてくる入札参加資格の審査などが進められた。ディールの契約条件については引き続き物議を醸していたし、検討をやめる企業もあったが、それでも入札参加資格審査が年末に締め切られるまでに、国内9社が代表企業、海外11社が空港オペレータの資格を取得した。

2015年が明けて早々、一次審査の締め切りまで1カ月半ほどに迫り、代表企業と空港オペレータの組み合せがそろそろ決まろうかという時期に、事態の異変が耳に届いた。

精力的に検討を進めていた複数の企業の担当から、社内の空気が突然悪化したとの連絡が入ってきたのだ。

情報を収集すると、「各社の社長や会長などの幹部が賀詞交歓会で雑談している中で、本プロジェクトは手を出すのが難しいディールだという話があったらしい」という噂が入ってきて、ほどなく検討を中止する企業や、少なくとも代表企業としての参加はあきらめ、2番手での参加の道を模索する方針に切り替える企業が現れた。

代表企業としての参加を検討している企業は2社ほどになったと考えられ、いずれも社内の説得が困難になっている様子で、ディールへの参加者がいなくなる危機を迎えた。

企業側の懸念として言われていたのは、「一度手を挙げるそぶりでも見せようものなら、国にあの手この手で圧力をかけられ、やめられなくなる」「事業が始まったら、どんなに経営が悪化しても、無限に追加出資をして運営継続を求められる」といった内容だった。

本プロジェクトを通して新たな公共インフラビジネスという産業を作りたい——これは純粋なノンリコースローンを含む「株主の有限責任」の下でベストを尽くしてもらう形で実現したいとの考えの下、契約書案もその前提で作成してあった。何を理由にそういう見方になるのか探っても、各社の担当も、「我々はしっかり説明をしているのに、上の人たちがそう思い込んでいる、なぜそうなるのかは正確にはわからない……」という状態だった。

「2・2兆円の支払いが義務づけられる仕組みで、到底意思決定できない事業規模だ」といったような話もあった。見方によっては間違いではないが、民間のファイナンス的には成立するように設計してあった。そこを理解した上で批判されているのかを聞いても、「説明はしたけれども理解しているかは怪しい」とのことだった。

羽田のＰＦＩは順調に進んでいないとの認識があり、そのため「『出資者が無限のリコース責任を持たされて困っている』と誤った認識をしているらしい」とか、「それを通した公共に対する不信感も根強いらしい」という話もあった。

しかし、羽田も当初は想定する需要を大幅に下回って赤字に苦しみ、追加出資をしたのは事実だが、国の側が無限にリコースしろなどと要望したわけでもないようで、何かあるとしても金融機関との間の問題のようだし、需要が上向いて黒字転換して危機は収まっているようでもあった。

昭和の色眼鏡で見る平成のビジネス

民間企業側の問題意識の詳細を聞き、新関空会社が説明したのは、「無限リコースはない」「会社が破綻したときに、取引先を含む関係者が債権を全額回収できないことがあるのはビジネスでは一般的で、本件も同じ」といった常識を再確認する内容だった。

各企業の担当者によれば、「新関空会社が新しい『平成のビジネス』を作ろうとしているのを我々は理解しているが、『昭和のビジネス』にどっぷりつかってきた経営者たちは、昭和の色眼鏡でこれを見ている。それで感じる不安を解くのに、『本件は平成の常識が通用するビジネスです』と下から説明を上げても、理解してもらうのは難しい」ということだった。

一連の動きの背景には、民間の一部に「誰も手を挙げなければ、いったんこの話はつぶれ、コンセッションをやらざるを得ない国は、民間にとってより有利な条件を出してくるのではないか」という幻想もあったようだ。

「ほかの企業は様子見を決め込んでいて、おたくの会社が手を挙げなければディールがつぶせるのに、どうしてやめないんだ」との露骨な圧力を受けたという会社もあった。

センチメント経営と世代間闘争

そして、2015年の2月半ばに予定されていた第一次審査書類の提出期限に間に合う投資家はいなくなったこともあり、スケジュールを延長することにした。その際、文書による質疑応答への反省もあり、単に期限を延長するのではなく、もともとは第一次審査後に実施する予定だった競争的対話を一部前倒しし、「プレ競争的対話」を実施することにした。

スケジュール変更で検討の時間を稼ぎ、そこで行った担当者との直接対話は非常に有意義だった。参加企業は当初予定していた半分程度に減少したが、担当者がやる気のある会社だけになったし、文書のやり取りだけでは消せなかった誤解もなくなり、事業に関する共通理解を深めることができた。

直接対話では、「そこを知らなかったんですか?」という点も多数あったし、「こういうわけで誤解が生まれたんだな」と反省することも多かった。また契約書について、公共の側と民間の側の問題意識を両立させて修正するポイントに対する共通理解もできた。

しかし、いくら理屈を積み上げていっても、各社内での検討状況を聴くと、役員からの宿題に1つ答えたら要求がエスカレートして返ってきた、といった情報が入るだけで、事態は好転していかなかった。

前向きに検討する企業の担当者自身が「投資したくて前のめりになっているだけ」と役員らからレッテルを張られ、誰からとなく「社内の大きな流れを変えるため、全体のセンチメント(情緒)を何とかして変えられないか」という相談を受ける状況に変わっていった。

他方、海外企業は、本件のリスクとリターンの関係に完全に納得してくれたところが多数現れ、彼らも必死で日本企業の説得にあたってくれた。公共インフラビジネスにおいていろいろな制約が生まれるのは普通で、本件はグローバルなディールに比べて条件に遜色はないし、むしろ民間への配慮が行き届いているという評価をしてくれ、それを日本企業にも伝えて説得している、という報告をしてくれるところがいくつもあった。

国内企業の担当者からも、「我々は非常にいいディールになっていると理解していて、これをみすみす他社に譲るのはとても残念なのだが、社内がどうしても固い」という声が上がるようになった。「我が社がダメで、他社が手を挙げるなら、転職してでも本件に関わりたい」と言ってくれる担当者もいた。

これには救われる気持ちだったが、状況は、部長クラスがいかに論理的に説得しても感情的になった役員が了承しないという、「センチメント経営」、つまり情緒的経営に対する世代間闘争の様相を呈していくばかりだった。

「殿様入札」という批判を浴びる——マスコミ対応

このような状況下で、マスコミの報道は本件に否定的な色が濃くなっていた。民間の意見を聞かずに公共の都合だけの条件で進めた「殿様入札」で、失敗の危機に瀕している、といった記事が紙面を賑わしていた。

記者に悪意があったとは思わないが、ポジティブに検討を継続している企業ほど対外的には何も発信しない一方で、取材に応じたのは、検討そのものをやめたり、ディールがいったたんつぶれることを内心希望する会社だけだったという背景からだろうと受け止めている。

報道に対して積極的な情報提供ができなかった面については、反省点もある。新関空会社のガバナンスの問題もあり、社内での検討事項が次々に漏洩していくので、国からは情報管理の徹底が厳しく指摘されていた。そのため、情報漏洩の防止ばかりに力が注がれ、どう上手に情報を出すかという議論ができる状況ではなかった。漏洩源もだいたいわかっていたが、コンセッションに向け社内一枚岩で頑張ろうという雰囲気の中、なあなあで済まされた。

ついでに言えば、社内のみならず一部の金融機関からも情報は漏れ、新聞記者に面と向かって「新関空会社が教えてくれなくても、あっちにいけば教えてくれる」と言われたのには驚いた。守秘義務契約など守られていないない状態だった。

本丸の議論と関係のない人ほど、関係者ぶって知っている情報をしゃべっていたようで、しゃべるほうも問題だが、そういった情報ばかりを収集して報道するマスコミの姿勢にも問題がある。海外の企業トップのインタビューを載せ、海外企業は事業のリスクも含めてやる気に満ちている、といったポジティブかつ公平な内容の報道も一部には存在したが、やらない企業のやらない理由を並べ立てただけの、生産的でない記事も多かった。

日本の常識、世界の非常識――名前のない提案書

結局、第一次審査にきちんとした形で応募したのは、1者のみとなった。オリックス、ヴァンシ・エアポートコンソーシアムだ。

提出期限の前日、ある海外投資家からアポが入り、「ほぼ完璧な提案資料を用意することができたが提出できない。1つだけ足りないのは、日本のパートナー会社。自分たちにできることはすべてやったが、不可能だった」と言われた。

せっかく用意した資料なので、提出はしないが参考程度に受け取ってくれと言って置くと、「投資を決断した日本企業が1社だけあると聞いている。そこが唯一リスクの取れる勇敢な英雄で、残念ながら我々のパートナーではなかった」と言い残し、去って行った。

その他に2社から、日本のパートナー会社のない「提案書」が提出された。日本企業を見つけてサインしてもらうことはできなかったが、今後も努力を継続し、最終の第二次提案まではしっかりそろえて提出したい、との意向が示されていた。最後まで社内調整に努力をしてくれた複数の日本企業の担当者からは、「さまざまな努力をしてもらったのに、社内を説得できなくて申し訳なかった」との謝罪の電話が入った。

「名前がない提案書」の取り扱いについては、社内でも数日かけて議論したが、最終的に、特例を設けて形の整っていない提案書を通してしまうと、きちんと出してくれた候補者との間で不公平になってしまうという考えに落ち着き、審査を通過させないことになった。

コンセッションの意義

ここで、コンセッションを行う意義はなにか、整理しておきたい。

まず、売り手である公共主体の視点で言うと、事業リスクが民間に移管でき、大家として運営権対価の安定収入を受ける見通しが立つ。買い手である投資家の視点では、いずれにせよ事業価値と対価、リスクとリターンに納得して事業を買うので、そういった事業機会を得ることに価値があり、ノウハウを活用して適切な経営判断をして、想定していたリターンを上げられるかどうかは将来の結果である。負債の提供主体にとっても、同様に新たな事業機会が生まれることになる。

公共施設やその利用者の観点からは、問題のある運営は防止したうえで、長期的に高い収益をもたらすため、民間が魅力を高める努力をすれば、よりよい空港になると期待される。

会社や従業員から見れば、少なくとも雇用条件は一定期間維持されることになっている。

その上で、事業の成長を目指してガバナンスが改革され、成果主義が徹底されることにより、成長を通した自己実現が可能になる魅力的な職場になる。見方によれば、サボりたい人にはつらい職場になるかもしれないが、それは少数だろうとの期待も込めてプラスと考えられる。

そして国のレベルでは、日本は起業も廃業も少ない沈滞した社会だと言われるが、公共インフラビジネスという新たな成長力を持つ産業を創設し、経済成長の一役を担うことが期待される。ノンリコースローンのプロジェクトファイナンスをはじめ、契約相手である新関空会社との間においても、明確な株主の有限責任の下で行われる事業である。

ボールは皆の半歩先に落ちてくる

新関空会社のコンセッションの仕組みづくりで最も大変だったのは、もちろん、公共と民間、日本の従来の仕組みとグローバルの仕組みのどれでもない、中間にある仕組みを作る必要があったことだ。

若干繰り返しにはなるが、出来上がった仕組みと各主体のもともとの考え方との違いがある点を整理すると、以下のようになる。

「公共の常識は民間の非常識」ということだろうが、公共の世界でしばしば見慣れた仕組みとはだいぶ異なった、民間に配慮したものになった。

民間に事業リスクを移す以上、経営の自由、収益の自由は最大限確保し、経営判断に対する細部にわたる要望は、すべて節度ある範囲内に収められた。「公共サービスで儲けるのはけしからん、利益は分配すべき」といった主張は、いかにも公共で行われがちで、民間の工夫でこそ利益があげられるという事実を無視しており間違っているが、このような制約も設けなかった。

負債完済を確実にするために金利リスクを丸ごと負担させるような考えも、「整備にかかった費用は回収できるのが当然」という原価主義的な発想であり、事業には事業価値としての時価相当以外の値段はつかないので、収益が上がった場合の負担金を提案項目に入れ、ディールの競争条件の中で実現を図るオプションにしたほかは導入されなかった。

コンセッションは純粋に公共的な仕組みではないという観点では、格付会社との調整も大きな課題だった。新関空会社の格付けが下がっては負債の完済見通しが遠のき、ぎりぎりのバランスが崩れるので、なんとしても維持する必要があった。他方で、国が債務を新たに保証するといった信用補完措置の追加は、全体を国家財政に悪影響を与えないような仕組みに変えようとしている中でまったく逆方向であった。

投資家がポジティブな将来性とネガティブなリスク管理の両立の上でバランスをとって経営判断するのに対して、金融機関は事業がいくらよくなっても約定利率以上のお金は入ってこなくて、事業が悪くなった場合に債権が焦げつくリスクがあるためネガティブ発想が中心になる傾向があるが、格付会社は金融機関に輪をかけてさらにネガティブ発想で、リスク可能性があれば指摘しておかなければならないという主義だ。

役割上、万が一運営権対価の支払いが滞った場合にどう新関空会社の負債の借換えを対応するのか、といった議論は構わないが、ネガティブ発想も、コンセッションをすることで国との距離感が離れるのではないか、空港を直接運営する法人とモニタリングだけの法人は国の中で位置づけが違うのではないか、という感覚論までいくと、これは行きすぎである。

それでも最後は、国土交通大臣が実施方針公表の際に、「空港の事業環境を整備する役割は今後とも果たしていく」と会見で発言したことなどで、納得が得られて収束した。

コンセッションは、既存のPFIとはまったく違う。これまでのPFIの大勢を占める「サービス購入型」という形態は、利用料を公共側が支払うので、民間側は安定収入を見込むことができ、事業リスクはあまり負わない。それを前提に、きわめて少額の出資をして名目上の事業主体としての箱のような法人を設立し、実際の事業実施は出資者が行う。そのため調達する負債も出資者によるリコースをつけるなどの独特の世界が構築されていた。

本件は、運営権者という法人が、実際に雇用も抱えて事業を行い、事業リスクも負う必要があり、また、長期かつ巨大なプロジェクトであることもあり、株主の有限責任、特にノンリコースローンの調達が不可欠であった。このため、制度的な仕組みやリスク分担などはPFIの仕組みを踏襲したが、実際の事業内容の設計はほとんど倣っていない。

実は、PFIの中で「独立採算型」と呼ばれるもの、特に羽田空港の貨物ターミナルに関する事業は、公共インフラの民間運営を実現した第1号である。不幸なことに、公共から見ると、仕組みを構築する上で羽田PFIが1つのベンチマークとなったが、民間からは、羽田PFIは危険なビジネスとの噂があり、大きな問題を生む1つの原因となった。

そして、コンセッションは純粋な民間事業でもない。民間同士のディールで普通に用いられている表明保証は本体事業に持ち込めなかった。また、公共側が妥当だと判断する最低提案価格を設定して、それ以上の価値を生む事業者だけが手を挙げる仕組みになっていることなども、感覚的に馴染みのない仕組みだった。そして、事業者側から自由に責任を放棄して解除できる規定も盛り込まれなかった。

他方で、事業期間が長すぎるといった話など、日本の民間企業が考える「民間のルール」が、グローバルの民間の考えるものと違うという問題もあった。

さらには、グローバルスタンダードは尊重したが、日本の仕組みに合うように変更したことも多かった。グローバルに案件の積み上げはあったが、本プロジェクトのように公共法人が運営権を設定するのは珍しかったし、沈下する埋立地のリスク分担の前例もなかった。

また、運営権者の株主は誰か、ということに日本の社会的な関心が非常に高く、グローバルスタンダードから見れば厳しい制約をかけることになった。契約解除のあり方など、国内の民間投資家との観点で調整が必要になったこともあった。

そういった、外国からは見慣れない仕組みは、ある程度は国内で理解を得るためには仕方がない面があるが、新たなマーケットに参入する意欲を阻害するところまでいかないよう、その範囲について慎重に検討し、できる限り減少させることが必要である。

以上のように、まったく新しい産業を作る上で、契約条件は、既存のプレイヤーの誰から見ても、過去の経験だけでは受け止められない課題がいくつも含まれていた。そのため、どれかに偏っても答えが出ない、関係者全員が同時に半歩先に手を伸ばせば何とか拾える、というようなものにならざるを得なかったし、それを作るのは、針の穴を何本も並べて糸を通そうとするような話だった。

それらがうまくできて案件が前に進んだのか、もっと上手にできる方法が別にあったのか、今振り返ってもよくわからないが、少なくともその段階でのベストは尽くした。

他人は自分を映す鏡

後から振り返って、交渉を最も難しくしていたのは、公共と民間の組織文化的な違いにより、検討・意思決定の仕組みがそれぞれ違うことを、相互に理解していなかったことのように思う。

霞ヶ関での仕事は、最終的な判断権限はもちろん大臣にあり、その下に事務次官や局長、課長などのように重層的に縦の階層が構築されているが、仕事の論点整理をして、方針を提案しているのは30代後半を中心とした、いわゆる課長補佐クラスだ。

外部からの指摘であれ内部的な議論であれ、検討すべき論点や課題が浮かべば、いったんは担当課に検討の指示が下り、課長補佐が中心になって論点を整理し、順次上司に了解を取って方針が決定される。特に本プロジェクトのような、論点も幅広く、関係者も多様な案件については方向性も含めて、課長補佐レベルで案を整理し尽くす傾向が強まる。

したがって政府内におけるコンセッションの仕組みの考案、組織の了解取得の流れについては、筆者と国土交通省航空局近畿圏・中部圏空港政策室の空港企画調整官とで議論して案を作成し、それを財務省主計局国土交通第六係の主査と議論・調整して方針を固めていった、ということになる。

一方、民間企業は基本的にトップダウンの様相が強いようである。アポイントを取ってお会いしている方が組織の検討・意思決定にどれほど関与しているかは、その人がトップとの間でどのような信頼関係を構築しているか次第という面が非常に強かった印象がある。

国家公務員出身である筆者の目からは、民間企業の場合は、現場ではなかなか決断できないように見えたのである。本件につき、民間企業の上層部の方が国の幹部に何かしら要望を言って帰ったという情報が降りてきたので、その要望への答えも踏まえて現場でいくら説明しても、会社全体の対応には変化が見られない。それはなぜだろう、と疑問に思っていた。

他方で、民間企業の方々からすれば、現場同士の話し合いでは埒があかないので上層部から政府の上層部に直接要請をしたのに、何の対応もされない、という苛立ちを感じておられたようである。「国の組織は、一体誰に話せば議論が進むんですか?」と嫌味を言われ、「今この場です」とお答えしたのだが、信用していただけなかったようだ。

つまりお互いに、「なぜ話が進まないのか」という認識に誤解とギャップがあり、結果的に組織対組織という意味では意思疎通がうまく成立していなかったのだと思う。

矛の民間、盾の公共

このようなトップダウン（民間）とボトムアップ（公共）の文化の違いは、組織そのものの意味づけの違いから生まれているのではないかと思う。

民間企業では、やりたくない新事業はやらないのも自由だ。仮に、やらなかった結果、他社に後れを取る結果になったとしても、それは経営判断の失当の範囲に収まり、社内的な評価はさておき、厳密な責任追及がされるわけではない。

業界内の全フィールドで勝つ必要もない。やることとやらないことを自分たちで選ぶことができ、選んだフィールドで勝てればいいという意味で、持っている矛が鋭ければ鋭いほどいいことになる。だからトップダウンで決めやすい環境にもある。

他方で行政は、担当すべき分野が法律で定められており、やるべきだったことをなぜやらなかったのかという不作為を国会など外部から遡って追及されるリスクを抱えている。

必然的に、周辺にあるすべての論点に備えができているのか、という議論が不可避となっていて、つまり持っている盾が、周囲を完璧に覆えるほど大きく硬ければいい、となる。

行政については攻撃力・突破力をどうするといった議論は、完全防備できる盾が備えられて初めてされるものであり、いざとなったら盾で叩けばいいというくらいの意識である。そのため、トップが判断をする上で、実務を取り仕切る現場からのインプットが必要な程度が、民間とは比較にならないほど大きく、ボトムアップによって完璧な状況を上げていく、というプロセスが好まれる。

もう1つのミスコミュニケーションの原因として、民間の一部には、国はコンセッション実施の方針を閣議決定しているから、実現はマストで、こちらの言い分を強く主張しても、最後は妥協してもらえるのでは、という意識を持っている雰囲気があったように感じる。

しかしながら、新関空会社は政府との間で、「コンセッションのメリット」を厳しく議論しており、最低限公共側が納得できる条件の水準で買い手が現れなければ、実現しないだけ、という意思が固まっていた。

これは、「完全防備の盾」を構えようという発想から考えれば当然であるし、そもそも、実際問題としては残念なことであるが、成田空港会社の株式売却をはじめ、方針が閣議決定され、検討が進んだ上で、別の課題があって実現しなかった案件はいくらでもある。

証券会社を中心にあれこれ飛び交っている噂には、「旧防衛庁跡地を民間に委ね、東京ミッドタウンを開発した際には、最終的には国が民間有利の契約条件に修正した」といった話があり、それも契約条件の変更への期待につながってしまっていたようである。

その噂について、真偽のほどはわからないが、少なくとも国にとって「いらなくなった土地をできる限りいい条件で処分できればいい」案件と、本プロジェクトのように「重要な公共インフラをどういう条件で託すか」という案件を同列に並べることは、国家公務員的な感覚からすればまったくの間違いで、同じわけがない。

これらのコミュニケーションミスは、「他人は自分を映す鏡」で生じたと考えている。相手の行動を予測するときに、人はつい自分があちらの立場にいたらどうか、ということを基準に考える。だが、相手が自分と同じ環境にいて同じ考えを持っていればそれは妥当だが、違う環境、違う考えだと予測が外れる。率直にいって、常々気をつけないといけないと思っていたのだが、今回は失敗したと反省している。

金儲けが嫌いな国、政府

組織としての対応を見たときに、国側の対応にも問題があった。組織が大きいため、了解を取らないといけない範囲が広く、その過程であれも必要これも必要とバランスを欠くことになりやすいし、ブレも生じやすい。

最終的には政府内でも納得が得られたが、先にも書いたように「負債の完済見通しは確実にする必要があるから定額の対価はその水準」「経営状況が悪化しても国は支援しない」「民間が儲けすぎるとけしからんから一定以上に儲かった部分はシェアさせろ」「金利が上がったら追加で負担させろ」といった「全部理想で満たせ」という議論に陥りがちである。

何より、意思決定が遅れがちになる。事態に異変が生じたら、タイムリーな対応が不可欠なのに、対応案が作成されて、必要な関係者に事前相談して了解が取れるまでに何週間もかかり、対策がようやく打ち出せたときには事態がさらに悪化していて追加的な対策がないとどうにもならない、ということを繰り返した。

結果、対応を小出しに逐次投入して戦局が変わらない事態に陥った。担当者も全力で努力してくれたが、組織が大きすぎて、すべて説明をして納得を得るのが大変だったようである。

アドバイザーに対する報酬についても、「感覚的に見て10億円は多い」といった議論になりがちで、事業の実施への貢献に見合った報酬を支払うという意識が欠如する。正当な報酬が支払われないことが、専門人材の育成を阻害して、本当の意味での発展を阻害している面は多々あると考えられ、情緒的な議論をやめ、あるべき水準を模索していく必要がある。

「飛ばないハゲタカ」企業

日本国内の民間企業の経営判断にも疑問を感じることが多かった。あまりにリスクを取れず、そもそも単独で責任を持ってリスクを分析・判断できているのか疑問になるほどだった。

日本は「ハゲタカ企業」を嫌う雰囲気がある。ハゲタカといえば、経営の傾いた会社の事業や資産を安値で買い叩き、高く転売して儲けるといったイメージだが、なぜ嫌われるかといえば、困った人を痛めつけているだけで、自分で価値を生み出さずに儲けるように見えるからなのだろう。

国内のエスタブリッシュメント企業が求めるのは、「事業に失敗したらそれだけで名声リスクがあるので、失敗しない仕組みが必要」「民間事業なのでエクイティリターン10パーセントは必要」ということだったが、それで実現できるのは、他人にリスクを押しつけた事業とはいえない事業のみである。100パーセントの成功が保証された事業は民間ビジネスと言わない。

事業リスクを取れずに、リターンだけ求めているのは、それもある意味「ハゲタカ」ではないのだろうか。しかもそれは肉を口に入れてもらうのを待つだけの「飛ばないハゲタカ」である。大空を飛んで餌を探す野生のハゲタカのほうが生産的ではないだろうか。

たとえば、近年、大手商社を中心に、資源開発における大損失の発表が相次いでいる。原因は原油価格の低下などで生産コスト割れの状態になったなどだが、その額は数千億円に上っている。ちなみに、本プロジェクトは、報道ベースでは2・2兆円とされているが、ファイナンス上の工夫により、実際の出資額は代表企業でも500億円くらいを念頭に設計されており、それが最大損失だ。そして、すでに関空で20年、伊丹空港で75年の事業実績があり、将来の事業性も新規の資源開発に比べればはるかに安定している。

流行に乗った資源開発では数千億円の損失が出ていて、逆の流行でリスクと事業性をいくら論理的に説明しても通らない姿は、まさにセンチメント経営の失敗の好例で、その状況を見るにつけ、日本に活用すべき民間活力はあるのか、という根源的な疑問を感じざるを得なかった。なんとしても新しい民間産業を作りあげなければならないと思う。

遡及する「非遡及」

さらに、日本の金融と事業会社との関係の歪みと思われる問題もあった。リスクが民間に寄りすぎているとの批判には、ノンリコースローンが勝ち取れなくて投資家の無限責任になるので、その分のリスクを限定し、公共側で負担しろ、という趣旨のものが含まれていた。

たとえば、契約が途中で解除になった場合には空港の運営権が返還され、その事業価値をベースにどちらがいくら補償金を支払うか決めることになるのだが、仮に事業価値が大幅に下がっていると、運営権者側が多額の補償金を支払うことになる。その額がエクイティ出資の額を超えて負債部分に及ぶ可能性があると、エクイティ出資者が金融機関にリコースしないと調達できないので、補償金をエクイティ出資部分だけに限定しろ、といった話だ。

公共側からすれば、補償金の上限があるなら、事業価値の変化をモニターし、補償金が回収不能になる前に契約を解除する対応も可能なので、あっても構わないのだが、すると運営権者が履行保証金の一部に負債を調達するのは、事業の安定性という意味でも負債の早期返済という意味でも、まったく無意味ということになる。

リスクを評価し、一定の金利を上乗せして貸し出す以上、事業が想定通りに進まなかった場合に、担保権を実行したりして、事業を再建するのは金融としての責務でもある。絶対に返ってくる条件なら、国債金利で貸し出してもらわなければスジが通らない。リスクをなんでも他人に飛ばして、その上で追加の金利を取るような金融ならば存在意義もない。

国内投資家も、コンソーシアムを組む候補として協議をしている海外の投資家に何度も日本の事業会社と金融との関係がよくわからないと言われ、「日本には純粋なノンリコースローンは存在しない。その名前で呼ばれるローン契約があっても、実質はノンリコースではない」という説明を100回くらいしているとぼやいていた。

名目上ノンリコースでも、そのためのリスクを分析して高い金利が設定されていても、実際には金融機関からの追加負担の要請には応じるといった一筆を別のところで求められたり、それさえなくても、他の貸出債権への影響だの今後の借入れの際の会社と金融機関との間の信頼関係だのといった話になり、結局なんらかは支払わざるを得なくなったりするので、ノンリコースではない、ということだった。

ただし、以上のようなことは事業金融にメインに当てはまることで、本件に関していえば、各行ともプロジェクトファイナンスの部隊が動いていて、一部は事業会社の担当者の思い込み、言いすぎという面もあった。

ある企業の担当者は、本件プロジェクトでは銀行はノンリコースローンを出せない、自分は銀行出身なのでよくわかる、ノンリコースが出ないからうちは参加できない、などと喧伝したが、噂によると、後で銀行からあらぬ風説を流布したとして厳重抗議を受けたらしい。

なぜこのようなことが起きたかといえば、それはメインバンク制、さらに3メガバンク化した金融市場の問題だろう。メインバンク制には過去からも功罪が言われ、政府の有識者懇談会の報告書などでも、いい面もあったが改善すべき面もあるというようなまとめになっているが、こういう面は制度疲労の害であり、改革が必要なのだと思う。

事業会社と銀行との長い信頼関係の中で安定的な支援が得られる、1つひとつのプロジェクトで作業に過大な労力をかけることなく機動的に資金調達が可能となっているというが、結果として、借りるほうにも貸すほうにもプロジェクトの採算性とリスクを正当に評価する知見の蓄積機会を失わせているのではないだろうか。

もちろん金融は、事業がどれだけよくても返ってくるお金は一緒で、悪くなったときだけ被害を受ける可能性がある立場だから、事業が悪くなった場合を中心に審査せざるを得ないのは当然だと思う。

しかし、それは海外の金融でも同じで、海外の場合は金融機関が多数あって、競争の結果適正な水準に収まっているところが、日本ではメインプレイヤーがもともと3つしかない上に、それぞれ系列化しているので競争が働かなくなりやすいのだと考えられる。リスクを他人に飛ばしたところで、ほかにしわ寄せがいくだけで、社会全体の成長につながらない。

それらを踏まえ、金融機関に対して、ノンリコースを検討するなら追加的な検討資料を提供し、条件に関する対話も行うという仕組みを取り入れた。それには多数の金融機関が手を挙げてくれ、そして実際、一部の例外を除き、ノンリコースをベースに検討を進めてくれていた。

いずれにしても、新しい産業をきちんと生み出せるようにするため、金融にも一定のリスク分担を求め、出資者のサポートレターだのといったあいまいな手法によらない、絶対的なノンリコースローンを、本プロジェクトを通して実現させることが、もう1つの日本にもたらすべき社会的意義だった。

1者だからこそ可能だった時間との戦い

2015年6月、第一次審査結果を発表し、オリックス、ヴァンシ・エアポートコンソーシアムが、唯一残ったコンソーシアムとなった。困難な環境の中で、リスクを取って経営判断することのできた唯一の主体だ。

とはいえ、まだまだ課題は山積しており、コンソーシアムが1つになったことで生まれた新たな課題もあり、それらを1つひとつ解決していく必要があった。

第1の課題は、圧倒的に時間が足りないということだった。プレ競争的対話は、ディールに対する共通理解を深める上で非常に有意義であったが、膨大な時間を消費してしまった面もあった。

コンソーシアム側の提案を出すに際しての法務と財務デューデリジェンスといった実作業や提案内容の検討、新関空会社側での審査や関係者調整、その後に引き続く契約締結などの手続き、実際の業務移管にあたっての契約承継・雇用承継、業務引継ぎといった作業が残っていた。

どうやっても間に合わないのでスケジュールを遅らせられないか、といった議論はもちろんあったが、スケジュールを何度も動かすと批判や懸念を再燃させてしまう恐れがあり、なんとしても年度内、残り10カ月ですべてを終わらせてしまう必要があった。

振り返ってみて、あれだけの作業と調整とそれぞれの内部説明などを、きわめてタイトに限られた時間内で処理できた最大のポイントは、逆説的だが、実は、残ったのが1者だけだったからだと考えている。

新関空会社側も対話などの時間とリソースを集中できたが、コンソーシアム側も社内体制の強化やアドバイザリーコストの負担などを思い切って実施できるようになり、検討のスピー

ド感が一気に上がった。1対1で膝を突き合わせて議論することにより、担当者との間では
さらに信頼関係も構築され、お互いに相手の状況や考え方を理解した上で、難しい論点や膨
大な作業を乗り切っていくことができた。

公共有利な条件交渉

第2の課題は、競争的対話という契約条件交渉だ。1者だから公共に不利な条件変更が
あったのではないか、という疑念があとから生じるおそれがあった。これから身を守るため、
また、日本初の案件を誰からも期待され応援されるよう仕上げるため、考案されたのが「絶
対的な基準」だ。

つまり、「契約交渉に応じるかどうかは、仮に複数のコンソーシアム参加者がいたとして
も応じていたかどうかで判断する」ということにした。具体的には、「プレ競争的対話」が
行われ、複数の投資家との対話の中で、共通に問題点として認識された修正ポイントがいく
つか判明していたので、その範囲内で協議を行うということである。

実際に、外野では、案件が不調に終わることを期待するような批判・噂が巻き起こってい
た。ディールに参加しなかった各社の担当者は、案件がうまくいくとなぜやらなかったのか

と、あとから問い詰められることになるので、うまくいかないことを期待する面もあったのだろう。

コンソーシアム側も、必要な論点はプレ競争的対話の中で議論できており、疑念を生むような新たな論点を持ち出す気はなかったようで、交渉の方針にはすぐに共通の認識ができ、議論は順調に進んだ。

取り運びが難しかったのは、フランス企業であるヴァンシ・エアポートから見て、日本の政策決定にある「暗黙のルール」のようなものを理解するのが非常に困難だったことである。たとえば、国側が責任を持つ政策変更とは何かという話の中に、神戸空港の位置づけを含む関西3空港の運営条件の議論があった。現在の政策は地域の合意形成の上に成り立っているると明示されており、そこまではわかった、ということになる。しかし、合意形成とは全会一致のことだと日本人は基本的に思っているが、全会一致とどこかにルールが書いてあるのか?と言われれば、そんなことはどこにも書いていない。

考え方が了承されているというが、関係者記名押印の文書があるのか、といえば、それもない。そんなものが有効なのか?と聞かれると、有効に機能している、ということになる。これらは基本的に理解不能だったらしく、議論に長い時間をかけることになったが、次第に

「日本はそういうもの」と理解を深めてくれた。ひょっとしたら、あきらめただけかもしれないが。

第二次審査は絶対評価

第三の課題は、１者になったことで、提案内容も「絶対的な基準」で評価しなければいけなくなったことだ。契約条件全体は義務として守られるわけだし、加えて細かな事業運営のルールも提示しているので、最低条件をクリアしていれば合格は合格なのだろうが、他方で、複数投資家が残っていた状況を仮定すると、当然それぞれが競争上の「ウリ」を打ち出してくるはずなので、最低条件ではないどこかのポイントで１位が決まるのが当然だろうと考えられる。

そのため、仮に最低条件に張り付いたような提案が出てくると、１コンソーシアムだから本来得られるはずの十分な提案が得られず、結果的に公共的に望ましくない事業が行われることになるのではないか、といった批判が起こるおそれがあった。

新関空会社から最低基準をどれだけ超えないといけないという要求をするのは筋違いで、提案内容を決定するのはそれを履行するコンソーシアム側である。それを踏まえ、新関空会社側からは、そういった周辺環境と状況認識を伝え、万が一最低条件でいいと開き直った提案が出された場合には、高く評価するのは難しくなります、ということを伝えるにとどめた。

コンソーシアム側は、多額の投資をして長期の事業を行う以上、長期的に空港が繁栄する中で継続的に利益が上がるという姿勢で臨むのは当然であり、短期的な利益追求などする気が毛頭ないのでご心配なく、とのことだったので、心穏やかに提案を待つことになった。

地味な仕事にこそ差が出る

さまざまな事業に関する情報を開示し、各現場に対するインタビューの場などを設け、デューデリジェンスが進んでいった。

その中で非常に印象的だったのは、航空営業に対するヒアリングのセッションでの出来事だ。コンソーシアム側の航空営業の担当者が、新関空会社の航空営業部門に対して、「各エアラインの事業状況の分析をするので、航空機の空港上での動き、何時何分にゲートに到着して、何時何分に出ていったか、情報を全部提供してほしい」と要請してきた。

こちらの担当は、「社内の別の部門が管理しているので、そちらに伝えておきます」と回答した。

完全民間運営を実現すると、どのようないいことが起こるのか、という質問に、わかりやすく答えるのは、実は非常に難しい。「マーケティングが強化され、より路線誘致能力が向上する」といってみても、具体的に、まったく思いつかない新しい何かがあるわけではない。「需要に応じて必要な施設を整備し、利用者利便を確保して空港の魅力を高め、その中から利益を上げる」といっても、どこが新しいのかピンとこない。それは、新関空会社も株式会社化されていて、ある程度の運用の工夫、空港をよくする取り組みはすでに行っているからだ。

しかし、自ら多額の出資という投資を行い、長期をかけて回収しようという真剣さをもって事業を行うのと、そうでない経営とでは、言葉にすると同じ取り組みでも、その性質はまったく異なる。それこそが最大の効果だ。現場インタビューの質問や回答の中には、そういった違いが明らかになり、将来への期待が高まるやりとりが、いくつもあった。

コンセッションの引き継ぎは敵対的買収よりひどい

そして、2015年9月18日、第二次提案が提出された。提案の内容はよく練られたものだった。

営業や運営について、それぞれの知見を活かした取り組みが示されるとともに、公共インフラの運営主体としての責任にも意を用いたものだった。最低条件を超える対価の支払いが、プロフィットシェアの形で提案されていた。株主のガバナンスを利かせる体制が整えられるとともに、マイノリティ出資で関西の地元企業が29社出資することで地域からの応援を受けることができていた。安定的な経営をサポートするような負債調達も実現し、ついでに、本物のノンリコースローンのプロジェクトファイナンスがついに実現した。

審査は順調に進み、優先交渉権者に選定された。その後、コンソーシアムにより関西エアポートが設立され、運営権の設定、実施契約の締結、さまざまな承継の手続きが進められた。

承継手続きは、膨大な数の契約書の名義変更、許認可の取得、規程類の整備などがあり、並行して事業計画などの作成・提出など、双方の社員総出の大作業となった。時間制約が厳しく、お祭り騒ぎだったが、新しい門出に向け、お互いを知り、いい準備体操にもなった。

手続きそのものよりも大変だったのは、引き継ぎだ。これは国家公務員の出向問題と関係する。新関空会社は、現状が国の100パーセント出資法人なので、経営戦略や人事、地域調整などの重要部門は、役員以下何人か国家公務員の出向者が派遣されていた。そして、純粋民間企業になる運営権者には、国家公務員は出向できないのが基本である。

突然国家公務員がいなくなると安全確保などに支障が生じるような現場業務に限って、契約で経過措置が作られていた。それを超えて、企画担当の役職員まで残る必要があるのではないか、との議論はあったが、「隠れ天下り」批判が生じる恐れがあるということで、政府の了解が得られなかった。

その結果、これら国家公務員の出向者が担当している業務については、誰か事前に人を配置して、引き継ぎを受けてください、ということになった。

前の部署の在任期間わずか9カ月で異動になった方が引き継ぎを受けに来られたのは、コンソーシアム側の組織にムリな負荷がかかってしまったことを思わせる出来事だった。

オリックスの、別の部門の職員と会う機会があった際に、その話題になり、冗談半分に苦情を言われたことがある。

「民間企業から見て、最も馴染みのない地域や政府との調整を担当している部署にこそ、担当者を残して経過措置・習熟期間を置いてほしいところです。それを事業承継までに引き継ぎを受けろというのはひどい、はっきりいって、敵対的買収をやったときでも、もうちょっとは丁寧に引き継いでもらえる」と。

リスクを取れる英雄は称賛されるのか、足を引っ張られるのか

ついに2016年4月、関西エアポートによる空港運営が始まった。

その運営内容はこれから明らかになっていくだろうが、株主によるガバナンスの機能する責任ある経営が行われ、職員にとって自己実現が可能な働き甲斐のある組織になり、空港が発展し、ひいては関西経済・日本経済の起爆剤となってくれることを心から期待している。

今後、新しい運営権者が、さまざまな課題も含めて飲み込み、新しい事業を作っていくに際して、公共側から後出しじゃんけんによる民間活力の阻害をすることのないことを、強く期待している。

このような契約は、将来が不明な中でお互いにリスクを取っている。公共側に残ったリスクが一部あるのは事実だし、ときが経てば状況が変わるのは常だが、結果だけ見て、ああしていれば今の状況では公共にもっと有利だったとか、あとから言うのは簡単だが、そういう後出しじゃんけんが始まるようでは、まともなビジネスは育たない。この条件で、民間でリスクを取って経営判断できた者が1者しかなかったのを忘れてはならない。

また、コンセッションの仕組みとメリットがより広く理解されて、本質的な意味のある案

件が形成されていくことを期待している。

最悪のシナリオを想定すれば、例えば、何かの過程で「名前は『コンセッション』と名付けられているが実際には民間による運営能力の向上が発揮されない案件」が出来上がり、しかもそういう案件のほうが手っ取り早く成果が出せるとお役所的な前例踏襲の中で主流になってしまったりすると、これまでの関係者の努力は水泡に帰すことになる。

きちんと進めば、将来的には公共インフラ運営ビジネスという新たな産業が成長していくと考えている。

乗り遅れた神戸空港の動き

そして本章の締めくくりに、経営統合に乗り遅れた神戸空港のその後に触れておく。

神戸市がようやく本格的に動いたのは、当初の理想からいえばだいぶ遅れた2015年だ。関空・伊丹コンセッションのコンソーシアムが1者になる頃、条例が改正され、検討のためのアドバイザーが手当てされた。

今後の検討次第だが、長年掲げてきた実現不可能な方針を変更し、まずは民間運営化を実現する方針に変更したように見受けられ、もしそうであれば実現可能だ。近い将来、3空港すべてが民間運営されることになり、その中で民間同士、どのような連携・協力が図られるのかについても、整理・進展が見られるのだろう。

そうして晴れて、関西3空港問題の本当の次のステージが始まる。

おわりに　これからの道を求めて

国も公共法人も、地元自治体も地域経済界も、国内の大企業も海外の企業も、弁護士も会計士も証券会社も巻き込んで、空港の経営改革を約5年半にわたり検討してきてわかったことがある。

重要な公共インフラである空港を責任もって運営し、かつ利益と成長を実現する、すなわち、空港を〝飛ばせる〟ことができるのは、「自らリスクを取って新たな事業に踏み出せる勇敢な民間企業」だけであるということだ。

これは空港以外の公共的に運営されている事業についても共通するはずだし、さらにいえば、日本の民間ビジネス全体についても同じはずだ。

日本全体に成長力が不足している。社会保障をはじめ、稼いだ金額以上に消費し、将来世代に負担を転嫁している。改革が行われ、給付が切り下げられようとすると、マスメディアは生活に困窮する〝被害者〟を登場させて痛みを訴えるが、今は幼くて意見を言うことができない、または生まれてもいない将来世代の痛みが増大することには鈍感だ。

何年も前から人口減少局面に入り、放っておけば今の政府支出のレベルを維持することはできないのが明らかなのだから、継続できる範囲内の支出に抑える以外に答えはないし、それを単なる生活レベルの切り下げによるのではなく、豊かな生活が得られる社会を確保した中で実現しようと考えれば、国全体として成長を実現できる構造への改革が必要だ。

成長を実現するには、リスクを取ることが不可欠であるが、日本企業には総じていえばリスクを取って成長を実現する勇気が足りていないのではないか――ここ数年の経験を通して、この国の改革の本質は民間にあると感じた。

同時に公共側にも、成長をどう実現していくかの知見が足りず、国家公務員人件費がどうこうというレベルではなく、本当の意味での「行政改革」も不可欠であると感じる。

そして、アドバイザー業界は会計・法務・M&Aなどに分化しすぎて総合的なアドバイス能力に欠ける面があるように思う。

社会を取り巻く環境すべてにビジネスの理解が不足し、依然として地域・住民の過度の公共への依存がある。マスメディアが本質を理解せずに単なる事実を追いかけ、何でも「事件」かのように報道している。

将来に向かって日本が必要とする改革は多数ある。今後日本が進めていかなければならないのは、さまざまな分野を超えた総合力としての改革である。それが次の改革に発展していき、よりよい日本の将来を築き上げていくと期待する。

最後に、私自身、紆余曲折を経て、ようやく関空・伊丹コンセッションにメドをつけることができた今となって思うことは、達成感とともに、もっとうまくできたことがあったという反省だ。18年間に及ぶ国家公務員生活を通して、行政の仕組みについてはある程度理解しているつもりであったが、想像を超える事態はいくつも発生した。

また民間企業や金融機関の行動様式、アドバイザーの方々の実行力などに対する理解が十分でないままに、走り続けてしまったとの認識もある。

今回痛感したさまざまな理解不足などを補い、結果にコミットするプロフェッショナルな意識を持ち、少しでもこの国の改革に貢献していきたいと思う。

最後に、本書に示した長年にわたるプロジェクトの完遂に当たり、さまざまな方に本当に貴重なご指導・ご鞭撻をいただき、そしてまた大変にお世話になった。大臣官房参事官（航空局近畿圏・中部圏空港政策担当）の岡西康博氏（当時。以下同じ）、大阪航空局次長の上原淳氏、航空局企画調整官の齋藤喬氏をはじめとする国土交通省の先輩・同僚、社長の安藤圭一氏、執行役員コンセッション推進部長の岡田信一郎氏、経営戦略室室長代理の下代泰之氏をはじめとする新関空会社の上司・同僚、社長の新堂秀治氏、経営企画部長の山本雅章氏をはじめとするOATの皆様、プロジェクトマネージャーを務めてくれた新日本監査法人長谷川太一氏ほか、同黒石匡昭氏、アンダーソン・毛利・友常法律事務所赤羽貴氏、髙橋玲路氏、寺﨑玄氏、フレッシュフィールズブルックハウスデリンガー法律事務所中島智子氏、SMBC日興証券園山俊雄氏をはじめとするアドバイザーの皆様、財務省主計局国土交通第六係主査の森大輔氏をはじめとする政府内関係者の皆様、大阪府空港戦略室課長の小林宏行氏をはじめとする自治体・経済界の皆様、その他本プロジェクトに多大なご支援をいただいた皆様に、この場を借りて心から感謝を伝えたい。また、本書の企画から執筆・校正の各段階において、日本経済新聞出版社の野澤靖宏氏に多大なご支援をいただき、感謝している。

そして誰よりも、単身赴任をしている上に週末まで自分の活動に没頭している夫・父を温かく支えてくれた妻佳子と息子絢斗に最大限の感謝を伝えたい。

２０１６年４月

轟木一博

〈参照文献〉

hotels.com　空港送迎インサイダー　http://jp.hotels.com
国土交通省　全国幹線旅客純流動調査　http://www.mlit.go.jp
国土交通省　空港利用状況概況集計表
国土数値情報　駅別乗降客数データhttp://nlftp.mlit.go.jp
日本船主協会　日本海運の現況　http://www.jsanet.or.jp
OECD Standard Chartered Bank Research
法務省入国管理局　日本人出国者数　http://www.moj.go.jp/
日本政府観光局　訪日旅行データハンドブック２０１５　http://www.jnto.go.jp

轟木一博　とどろき・かずひろ

1975年生まれ。98年東京大学法学部卒、同年運輸省（現国土交通省）入省。2004年米サンダーバード大学国際経営学修士（MBA）。在日米軍との調整を通した羽田空港発着容量の拡大や、ソマリア沖海賊対処のための自衛隊派遣法制定などに携わったほか、10年から航空局及び新関空会社で、経営統合スキームの立案・調整、会社設立・事業移管、経営計画策定・実施、コンセッション契約立案・事業者選定・引継ぎまで、関空伊丹経営統合及びコンセッションの全プロセスを総括。16年4月より株式会社経営共創基盤マネージャー。著書に『航空機は誰が飛ばしているのか』がある。

日経プレミアシリーズ｜306

空《くう》港《こう》は誰《だれ》が動《うご》かしているのか

二〇一六年五月九日　一刷

著者　轟木一博

発行者　斎藤修一

発行所　日本経済新聞出版社
http://www.nikkeibook.com/
東京都千代田区大手町一―三―七　〒一〇〇―八〇六六
電話（〇三）三二七〇―〇二五一（代）

装幀　ベターデイズ

組版　マーリンクレイン

印刷・製本　凸版印刷株式会社

ISBN 978-4-532-26306-5　Printed in Japan